개별적

자　　　아

봉태규 지음

안나푸르나

차례

7   다들… 하고 있습니까?
13 겨울을 보내며
20 요즘 저는…
24 눈썹 군
32 배트맨도 고민이 많다
38 피시 앤드 칩스, 김치 그리고 찌개
44 그 남자의 취향
52 히어로즈 파이팅!
59 먹고 또 먹고
67 여름 씨는 여름스럽기도 하지
75 아마도 켄타우로스는 이해하겠지?
80 이런 나라도 괜찮아 보이나요?
88 공연을 볼 때 내가 다르게 보는 어떤 것들
94 노 모어 근육맨, 나만 그런가요?
101 나무 씨
107 그날… 그리고 그날
114 무엇이 '좋은'일지는 모르겠지만…
121 겨우 남편입니다
127 그대 눈동자에 축복을
134 국민학교를 지나 겨우 초등학교에
141 The Day
146 록입니까?
152 1을 더하고, 하루를 더하고…
158 아빠의 아들, 아들의 아버지
163 그가 그를, 그도 그를

168 에필로그

다들…
하고 있습니까?

요즘 들어 부쩍 나를 돌아보게 된다. 처음엔 막연하게 지나온 날들 중에서 좋았던 일, 안 좋았던 일들을 떠올리며 후회를 하기도 하고 '그럴 때가 있었지.' 하며 지금의 나를 격려하기도 했다. 그러다 점점 나의 약한 부분을 들춰내기 시작했다. 우선은 첫눈에 가장 확연하게 드러나는 나의 외형부터.

먼저 얼굴, 그중에서 입술이다. 입술… 아, 두껍다.

이게 그냥 '두꺼워'에서 끝나지 않고 살짝 돌출돼 있다. 많은 사람들은 이걸 나의 매력 포인트라고 말해주지만 당사자인 내겐 굉장한 콤플렉스다. 그래서 치과 상담도 여러 번 받았으며 큰 결심을 하고 의학의 힘을 빌릴까도 생각했었다.

더 나아진다는 확신이 들지 않아 금세 포기했지만 그렇다고 콤플렉스가 사라진 건 아니다. 아직도 내 얼굴의 가장 약한 부분이라 생각한다. 다음은 코를 살펴보자. 우선 얼굴형에 비해 기장이 길다. 학창시절에 다친 적이 있어 휘었고, 코볼도 넓다고 어떤 의사가 말해주었다. 음… 이거 또한 딱히 부인하진 못하겠다. 대체적으로 예쁜 코 혹은 잘생긴 코가 아니라는 얘기인데, 인정합니다!

여기서 마무리된다면 참으로 다행이겠지만 아직 끝나지 않았다. 아래턱 또한 전체적인 얼굴 비율상 짧다. 변명을 하자면 부모님에게 확실하게 물려받은 유전자라 선택의 여지가 없었다. 그래서 외모의 관심이 한창일 사춘기 시절 내 버릇은 고개를 쳐들고 턱을 항상 쭉 내밀고 다니는 것이었다. 그렇게 지속적으로 하다 보면 어느 정도는 길어지지 않을까, 하는 기대감에 했던 것인데, 결과는 처참할 정도로 아무런 변화가 없었다.

오히려 고개를 너무 쳐들고 다녀 건방지다는 소리와 함께 가끔 나보다 싸움을 더 잘하는 아이들에게 "이리 와 봐."라는 하달을 몇 차례 받은 적이 있었다. 그렇게 해봤자 턱은 길어지지 않는다는 사실을 조금 더 빨리 알았더라면, 공손하게 모은 손을 내 몸의 중심으로 옮겨 고개를 살짝 숙인 뒤 무슨 이유인지도 모른 채 그들에게 미안해할 일이 조금은 덜 생겼을 텐데, 라는 아쉬움이 잔뜩 든다. 턱 내밀기가 부질없는 일임을 일찍이 알았다면, 나의 학창시절은 한결 평화로웠을 텐데 말이다.

난 키도 큰 편이 아니다. 정확하게 몇 센티미터라고는 차마 밝히고 싶지 않으니 이해해줬으면 좋겠다. 허리도 한 차례 큰 수술을 해서 평상시에 운동으로 준비해놓지 않으면 고장 나기 일쑤이고 등 또한 살짝 굽어 있어 항상 담 증세에 시달린다. 어깨는 전체적인 비율 대비 너무 넓으며, 허리는 마찬가지로 너무 가늘다. 이렇게 나열하고 보니 '남자답다'와는 거리가 참 먼 몸을 가지고 있군요.

이제 내 속으로 들어가보자. 내면은 어떠한가. 우선 굉장히 소심하다. '걱정도 팔자'라는 말은 내가 태어날 걸 미리 알고 준비해놓은 말처럼 느껴질 정도로 걱정을 달고 산다. 심지어 어릴 때는 남극의 빙하가 녹아 곧 세계가 물에 잠길 수도 있다는 다큐멘터리를 보고 한동안 잠 못 이루며 부모님께 63빌딩으로 이사 가자고 졸랐던 기억이 있다. 성격은 소심한 반면 욱! 하는 성질은 있어서 지나고 나면 별일 아닌 일에 화를 내곤 해 살면서 손해를 많이 봤다.

한번은 부산영화제에 갔을 때였다. 작품성은 뛰어나다는 평을 받았으나 흥행은 굉장히 부진했던 작품이었는데 막이 내린 뒤 뒤늦게 영화제에서 길게 늘어선 줄을 보고 그만 발끈해서 "영화제에서만 관심 갖지 말고 평상시에도 눈에 띄지 않을 뿐 좋은 영화는 많으니 좀 보라."는 인터뷰를 거침없이 해서 한동안 악플에 시달렸다. 돌이켜보면 영화 선택의 자율권은 온전히 관객의 몫인데 흥행부진의 섭섭함을 어린아이처럼 화풀이한 내 잘못이었다.

이미 지나가버린 일 또한 참 잊지 못한다. 특히나 상처가 되거나 안 좋았던 일들은 더더욱. 이런 얘기를 하면 경악할지 모르지만 난 초등학교 3학년 때 짝이 했던 말을 아직도 생생하게 기억하고 있다. 심지어 그녀의 이름도. (무섭죠?) 어느 날 나를 위아래로 훑어보던 그 아이가 "넌 왜 맨날 똑같은 옷만 입어? 더럽게….."라는 말을 내뱉었다. 아니 왜 안 되지? 그저 같은 옷이 여러 벌 있을 수도 있고(물론 그렇진 않았습니다) 그 당시 입었던 옷을 유달리 좋아라 했을 수도 있지 않나? 거기에 '더럽다'라는 전혀 근거 없는 확신이라니….

난 그 당시에도 나이 차가 많은 누나들로 인해 하루

두 번씩 샤워하던 어린이였다. 누나들은 청결을 지상 과제로 알고 있던 성숙한 소녀 또는 숙녀였으므로 남동생이 꼬질꼬질한 모습을 견디지 못했다. 덕분에 자연스레 청결함을 몸에 갖추고 살던 어린 소년에게 '더럽다'라는 표현은 큰 상처가 되었다. 물론 그날 이후로 옷에 관심을 갖게 되어 지금은 나와 패션을 따로 얘기할 수 없는 상황이 된 것은 인정한다. **그때를 생각하니 여전히 마음은 아프다.**

어린 나는 사소한 오해로 툭 던져진 그녀의 한마디에 깊은 상처를 받았고, 이후로 옷을 고를 때마다 그 말이 한동안 묘한 기준점이 됐다. 돌이켜보니 그때의 사건이 나에게 긍정적인 변화를 준 건 맞군요.

음… 이렇게 세면대의 고여 있는 물과 같은 마음의 크기를 가진 나는, 누군가 '바다와 같다'는 표현으로 한 사람이 가진 마음의 크기를 얘기할 때면 멍해질 때가 한두 번이 아니다. 물론 달라지기 위해 엄청나게 노력을 했기에 요즘엔 목욕탕의 냉탕 정도 크기는 된다고 생각한다. 여기에서 목욕탕의 규모는 어느 정도나 되느냐는 쓸데없는 질문은 삼가주시기를.

어쨌든 동네 목욕탕 규모는 아니라고 생각합니다만.

이렇게만 봐도 참 많다. 막상 써 내려가기 시작하니까 지면이 모자랄 정도다. 하지만 다 드러내고 싶다. 이 자리를 빌어 일일이 열거하고 싶은 욕구가 마구 샘솟는다. 하지만 그러다 보면 나나 여러분 모두 지쳐버릴 것이다. 이쯤에서 후루야 미노루의 만화 『솔티니스』의 한 구절을 인용하면서 글을 끝맺을까 한다.

사랑이란… 지탱해주고 용서하고 인정하는 것으로 자신의 모든 것을 드러내면서 서로를 가장 잘 이해하는 것이다. 특히 약점을….

자랑하고 싶어서는 아닙니다.

추신. 이 글은 제가 결혼을 앞두고 쓴 글입니다. 오해하지 말아주세요. 정말 자랑하고 싶어 그런 건 아니니깐요.

겨울을 보내며

2월 어느 날 약속이 있어 집을 나섰다. 아침에 깨어 창문으로 들어오는 햇빛의 밝기와 창을 열어 느껴지는 바깥의 온도를 느끼며 그날의 날씨를 나만의 방식으로 측정하고 옷을 주섬주섬 챙겨 입었다. 그리 춥지 않다는 확신이 들었지만, 오산이었다.

바깥의 공기를 온몸으로 느끼는 순간 인간의 '감'이라는 게 얼마나 객관성이 떨어지고 비과학적이며 위험한 건지 '반가워'를 외치며 몸 속으로 파고드는 냉기와 어색하게 인사를 하며 깨달았다. 이미 되돌릴 수 없다는 판단에 몸을 잔뜩 웅크리고 걸어가는데 문득 '겨울도 이제 마지막이라 그런지 애쓰고 있구나.'라는 생각이 들었다. 마치 어떤 사람이 자신의 존재감이 옅어지는 걸 느낀 후에 무리하는 모습처럼. 이별을 통보받은 사람의 모습이 떠오르기도 하는군요.

일 년이 열두 달. 그중 겨울이 차지하는 비중은 아무리 인심 좋게 쳐줘도 3~4개월이다. 겨울에게는 매년 딱 그만큼의 시간이 주어지지만 그래도 달라지는 건 없다. 이렇게 겨울이라는 것도 매년 참 쉽지 않겠다는 측은함이 들었다.

시간이 지날수록 자신의 존재감이 약해지고 있는 걸 겨울 본인이 잘 알고 있을 것이다. 어쩌면 전처럼 맹렬하게 뿜어지지 않는 찬바람을 한숨처럼 후욱 불어대며, 내 입김이 예전처럼 사람들의 살갗을 파고들지 못하는군, 소한과 대한 때가 좋았는데… 사람들이 나만 보면 얼굴을 못 들고 잔뜩 웅크리고 말이야… 그때가 좋았지… 같은 회한에 잠길지도 모른다.

우리 또한 계절이 바뀌는 변화에 익숙하다. 우리 곁에 찾아온 절기에 자연스럽게 적응하고, 지나간 계절은 다시 오기 전까지 잊고 지낸다. 아마도 겨울 또한 이런 우리를 잘 알고 있을 것이다.

어쩌면 꽃샘추위라는 건 떠나는 겨울을 잊지 말아 달라는, 혹은 그렇게 잊히는 게 싫다는 표현일 수도 있겠다.

그렇게 마지막까지 열심히 애를 쓰고 8개월을 당연하

다는 듯이 기다려야 하는 심정은 참 쉽지 않을 것 같다.

전 세계에 다양하게 존재하는 기후들이 있고, 그들이 최선을 다해 자신의 활동기를 마친 후 절차상 다음 순서를 기다려야 할 때, 함께 모여 소통할 수 있는 대기실이 있다고 가정해보자. 미리 밝혀두지만 순전히 허무맹랑하고 황당한 벌거숭이의 상상입니다.

푹신한 가죽 소파가 길게 이어져 있고 대기실 중앙에 스토브가(이건 여름이 싫어라 할 수도 있겠군요). 그리고 한쪽엔 간단히 차도 한잔 할 수 있는 테이블이 있다. 당연히 다양한 쿠키 또한 놓여 있을 것이다.

이 대기실은 무조건 쉬면서 유유자적하는 곳만은 아니다. 아마도 각국의 기후들을 훑어볼 수 있는 4D 모니터도 마련돼 있어서, 현재 활약하고 있는 동료들의 모습을 들여다볼 수 있다. 가령 요즘 부쩍 친하게 지내는 한국의 여름과 동남아의 아열대 기후, 지구온난화와 자꾸만 녹아내리는 남극의 빙하 이슈 등 크고 작은 이야기들이 화제에 오른다.

지구상에서 활약하는 기후들은 민감한 주제가 등장할 때마다 때론 격렬하게 때론 가볍게 토론을 한다.

다시 한국의 겨울 이야기로 돌아와서, 3월이 막 시작되는 어느 날. 꽃샘추위로 활동한 우리나라의 겨울이 문을 열고 들어오면 찬바람이 쌩 하고 불겠지. 그 서슬에 놀란 누군가는 어여, 왔어? 한국의 꽃샘추위는 정말 춥구나, 라며 자리를 내주고 누군가는 요새 한국의 겨울이 부쩍 길어졌다던데 수고했군, 이라며 차를 건넬 것이다.

우리의 겨울은 동료들의 환대를 받으며 푹신한 소파에서 시원섭섭한 마음으로 지난겨울 자신의 활약상을 돌아보기도 하고, 아프리카에 가 있는 여름을 걱정하며 '그 친구는 워커홀릭이라 잘 버텨낼 거야.'라고 응원도 할 것이다.

그러면서 다시 자연스럽게 인간의 무지로 인한 환경 파괴로 주제가 옮겨가서 어디는 봄과 가을이 설 곳이 없다며 걱정을 하고, 어디는 겨울이 점점 길어져 늘어난 자신의 시간을 기뻐해야 할지 슬퍼해야 할지 모르겠다며 쓴웃음을 짓기도 할 것 같다.

혹은 그들의 '일'이 아닌 '관계'라는 관점으로 접근해 본다면 어떨까?

설레는 마음으로 겨울은 매년 11월 말쯤 우리를 찾아

온다. 온 마음을 다해 자신의 감정을 우리에게 고백한다. 이렇게 말하고 보니 짝사랑일 수도 있겠군요. 우리가 알든 모르든 맘껏 자신의 마음을 겨울이라는 계절로 고백한다.

때로는 탐스런 눈을 펑펑 쏟으며, 때로는 강한 냉기만을 뿜어내면서. 어떤 해에 찾아온 겨울은 우리가 생각하는 것처럼 싸늘하고 피도 눈물도 없는 계절이 아닐 수도 있다. 겉으론 냉담하지만 속으론 뜨거운 심장을 가진 그런 사람 말이다.

올해는 겉으론 한없이 차갑지만 마음만은 그 누구보다도 따스한 겨울이 찾아왔다고 치자. 인간들에게 얼마나 호의적인지, 자신의 감정을 표현하려다 그만 감정이 다스려지지 않는다. 본능적으로 눈발을 쏟아내려다 본인이 너무 흥분한 나머지 올라가버린 온도 때문에, 비를 하염없이 내리게도 한다. 요즘의 변덕스러운 날씨는 어쩌면 일방적인 마음이 상대에게 다다르지 못하는 짝사랑의 속상함이려나요.

그래도 우리는 알지 못한다. 그해의 겨울이 우리에게 어떤 마음으로 다가왔는지, 나에게 무슨 말을 하고 싶었는지….

혹은 그의 존재 자체를 애초에 신경조차 쓰지 않았을 수도 있다. 하지만 짝사랑이란 본래 상대방이 인지하지 못할수록 처절하고 '찌질해'지는 것이다. 지금의 꽃샘추위가 그 찌질함의 절정이라 생각해보니 겨울도 참 많이 힘들겠다.

이 글을 쓰고 있는 오늘, 창밖으로 눈발이 날린다. 나라도 한 번쯤은 겨울을 헤아려줘야겠다는 생각에 우산도 쓰지 않고 거리를 걸었다. **짝사랑 혹은 사랑에 대한 찌질함이란 누구에게나 있게 마련이다. 나는 그 찌질함을 격하게 지지한다.** 그런데 아이러니하다. 물론 우리가 일상생활에서는 그 의미를 더 광범위하게 적용하기는 하지만, 'cool'이라는 단어 본연의 뜻이 그 어떤 것보다 잘 어울리는 겨울이, 찌질하다니.

역시 어떤 경우라도 직접 겪어보고 들여다보지 않으면 모르는 게 더 많은 것 같다.

하긴 겨울을 연민하는 것도 좋지만 아무 준비 없이 눈 오는 거리를 걷는다는 건 역시나 곤혹스럽다. 후다닥 뛰어 들어가는 나를 보면 겨울이 참 속상할 거 같아 슬쩍 눈치를 보며 짐짓 자연스럽게 걸어서 들어간다. 마치 아무렇지 않다는 듯.

당연한 얘기지만 결국 누군가의 마음을 헤아려준다는 건 나도 준비가 되어 있을 때만 가능한 것 같다. 어설프게 이해하려 애쓰면 되레 상대에게 상처를 줄 수도 있다. 써놓고 보니 겨울에게 미안하다. 언제나 이기적인 건 결국 나일 수도 있겠군요.

요즘 저는…

　요즘 수염을 길러봐도 괜찮겠다는 생각을 합니다. 그렇다고 해서 멋들어진 콧수염을 기를 수 있는 건 아닙니다. 워낙 듬성듬성 자라기도 하고, 소위 말해 '이방 수염'이라고 해도 될 만큼 인중을 제외한 나머지 부분에 얇게 자리 잡고 있기까지 합니다. 하지만 앞서 말한 대로 지금의 전 그런 수염이라도 나쁘지 않겠다고 생각합니다. 진심으로….

　그 이유는 아내가 그런 제 수염을 좋아하기 때문입니다. 당연히 이유를 물었습니다. 왜냐고. 이전에 보지 못했던 모습을 보게 되어 기쁘답니다. "멋있다."라고 얘기해주는 건 보너스입니다. 어서 수염을 길러봐야겠다고 다짐했습니다.

　저는 반바지도 입지 않습니다. 마른 몸에 비해 종아리에 부종이 심해 신체비율이 맞지 않으며 다리에 털도 어울리지 않게 많이 자리 잡고 있습니다. 그래서 촬영할 때도 웬만하면 단호하게 거절하곤 했습니다. 저리 치우라고…. 먼저 제 단호함에 상처받으셨던 분들께 사과를 드립니다.

쑥스럽지만 이제부터는 매년 여름 반바지를 입을까 합니다. 그것도 허벅지가 드러날 정도로 짧은 반바지를요. 아내가 그러기를 원한답니다. 심지어 "예쁘다!"고 덧붙여주기도 하고요. 이러한데 제가 어찌 단호함을 보일 수 있을까요?

그리고 요즘 매달 용돈을 받으며 생활합니다. 결혼한 유부남들은 당연한 거라 여기실 겁니다. 다만 다른 유부남과 차이가 있다면 금액을 아내가 정한 것이 아니라 제가 정했습니다. 과감하게 매달 50만 원을 받기로 했습니다. 이 얘기를 듣는다면 말도 안 된다고 하는 분들도 있을 거라 생각합니다. 여기에 휴대폰 통신비까지 포함되어 있습니다.

왜냐고요? 아내에게 조금이라도 잘 보이고 싶어서 그랬습니다. 그런데 막상 생활하고 보니 불편한 게 많이 없어 오히려 저 스스로 놀라고 있습니다. 심지어 조금 남을 때도 있습니다.

매일 가계부를 정리하는 아내가 영수증을 보며 알뜰하다고 칭찬해주면 내 의도가 정확하게 들어맞은 것 같아 기쁩니다.

아내는 사진작가입니다. 스튜디오에서 촬영할 때도 있지만 야외에서 본인의 장비를 직접 챙기고 촬영해야 할 때도 종종 있습니다. 임신을 하고부터는 제가 직접 아내의 보조를 자처했습니다.

운전하는 게 걱정이기도 했고 무거운 장비를 직접 옮겨야 된다는 걱정도 컸습니다. 그래서 꽤 많은 야외 촬영을 남편이 아닌 보조로 옆에서 거들어주었습니다. 그래도 얼굴이 알려져 있어서 행여 방해가 되지 않을까란 마음도 컸지만 내가 직접 세심하게 하나하나 챙겨줄 수 있다는 기쁨이 더 컸습니다. 그리고 무엇보다 아내가 일하는 모습을 가까이에서 지켜볼 수 있다는 특권은 그 어떤 것보다 특별했습니다. 뭐랄까요. 사진작가인 하시시박으로서 그녀를 더 존중하게 되었다고나 할까요.

아내로서의 모습으로만 바라보는 저에겐 일하는 그녀는 분명 특별한 존재임에도 불구하고 생활 속에서 종종 잊어버릴 때가 있기도 합니다. 그렇지만 보조로 거들며 일하는 과정을 자세히 지켜보고 나니 그 모습 또한 아내로서의 모습만큼이나 소중하다는 걸 절실하게 깨달았습니다. 앞으로도 잊지 말고 지켜주고 응원해줘야 하는 제 아내의 또 다른 모습이라고 생각합니다.

무엇보다 사진을 찍는 그녀는 참 예쁩니다.

요즘 저는 이렇게 살고 있습니다. 대부분의 사람들이 이렇게 살고 있는 거 같아 뭐 특별할 것도 없는 애기를 이런 식으로 늘어놔도 될까 하는 고민이 들기도 했지만, 모두들 나와 같은 모습으로 살고 있다고 생각하니 한편으로는 부담이 덜해 마음 놓고 늘어놓은 것도 있습니다.

그렇지만 혹시라도 지금 제 글을 읽고 나서 조금이라도 부러운 마음이 생기는 분들이 있다면 아마도 그건 저에게 지는 거라고 생각합니다만….

눈썹 군

믿을지 모르겠지만 어느 날 난 눈썹이 짙게 새겨진 강아지를 본 적이 있다.

강아지에게 눈썹이 나 있다는 걸 어떻게 표현할 방법이 없어 '새겨진'이라고 했지만 분명 눈썹이 있는 강아지였다. 그래서 내 기억 속에 '눈썹 군'이란 이름으로 저장돼 있는데, 사실 이름을 어떻게 부를까보다 호칭에 훨씬 많은 신경이 쓰였다.

아무래도 눈썹 씨는 뭔가 나이 들어 보였으며 눈썹 님은 너무 존칭이라 굳이 이럴 것까진 없지 않나 싶었다. 궁리 끝에 눈썹 군이라 부르니 뭔가 딱 어울린다는 생각이 들었다. 확실히 짙은 눈썹 때문인지는 몰라도 나이가 들어 보이지는 않았던 거 같기도 하고 언뜻 보기에 외모가 개보다는 강아지에 가까웠던 것도 이유다. 그런데 지금에야 문득 "암컷이면 어쩌지?"라는 걱정이 들기도 하네요. 혹시라도 그렇다면 미안합니다!

  난 이 눈썹 군이 하도 신기해서 장시간 관찰하였는데 역시나 놀랍게도 강아지에게 눈썹이 있다는 건 엄청난 효과를 불러왔다. '강아지 얼굴에 이렇게까지 다양한 표정이 드러나면 곤란하지 않을까?' 하는 걱정이 들 정도였다. 왜냐하면 가끔 불만이 있거나 무언가 내키지 않을 때 주인에게 '이게 뭐야?'라는 식의 표정이 확 드러난다면 강아지로서는 불리할 테니 말이다.

  강아지는 존재 구성원으로서 가족이기도 하지만 냉정하게 말하면 반려견이자 애완견이라는 서열을 벗어날 수 없다. 그러므로 집주인의 행태에 마음이 상한다고 해서 돌직구를 날려버리기라도 한다면 어떤 불이익이 올지도 모를 일이다. 마음이 상한 집주인에게 매번 사과를 하는 것도 여간 피곤한 일이 아닐 테니까.

  그래도 강아지의 감정을 표정만으로 유추할 수 있다는 건 참으로 재미난 경험이었다. 우리가 만난 날이 7월이어서 한창 더울 때라 그런지 눈썹 군은 대체로 미간을 찌푸리고 있었는데 그 표정이 "아 덥다."였다, 놀랍게도!

  가끔 주위를 경계할 때면 좌우를 매섭게 쩨려보곤

했는데, 그러다 지켜보는 나와 눈이 마주치기라도 하면 "뭐?" 내지는 "뭘 저렇게 뚫어지게 쳐다보는 거야?"라는 불만이 잔뜩 섞인 뚱한 표정을 지어 보였다. 여기서 다시 한 번 강조하지만 눈썹 군의 눈썹이 없었다면 이 모든 걸 읽어내기는 불가능했을 것이다. 당시에 집에서 키우던 강아지의 표정을 한참 동안이나 읽어내려 애써 보았지만 번번히 실패를 맛보았던 걸 또렷이 기억한다.

문득 눈썹 군의 주인이 궁금해졌다. 왠지 몰라도 더 엄청난 눈썹을 소유한 사람이 아닐까, 라는 멋대로의 기대를 하기 시작했다. 우연히 TV프로그램 〈순간포착 세상에 이런 일이〉에 출연한 이 눈썹 콤비를 보게 되면 내가 먼저 발견했다는 우쭐함에 흥! 하고 콧방귀를 뀔 수도 있겠다는 생각도 들었다.

남다른 심미안과 관찰력으로 기인 아니, 기견을 발견하고 단시간에 남다른 매력을 꿰뚫다니 멋진데! 라며 애써 나오려는 웃음을 꾹 참으며 한쪽 입꼬리만 씰룩거리고 있을지도 모르겠다. 역시 지금 다시 생각해도 그 기분은 굉장히 통쾌하군요.

하지만 아무리 기다려도 주인은 나타나지 않았다. 나도 더 이상 마냥 지켜보고 있을 수만은 없었기에 아쉽지

만 눈썹 군과 작별을 해야 했다. 그래도 인사라도 하는 게 예의는 아닐까, 라는 생각에 가까이 다가가 오른손을 번쩍 들었더니 예의 그 뚜렷한 눈썹을 활용해 '가려고?'라는 표정을 지어 보여주었다. 그래서 나도 "응, 안녕."이라 인사를 하고 약속이 있던 곳으로 발걸음을 옮겼다.

지나고 나서 생각해보니 눈썹 군의 주인을 보지 못한 게 다행이라는 생각이 들었다. 오히려 평범했다면 멋대로 실망했을 테니 말이다. 그래서 차라리 보지 못한 지금이 마음대로 상상할 수 있어 나은 거 같다.

그리하여 내 멋대로 상상을 이어보자면 눈썹 군의 주인은 엄청난 눈썹의 소유자라 아마도 낮에는 모습을 잘 드러내지 않는 것 같다. 눈썹만으로 다양한 감정을 드러낼 수 있는 강렬한 눈썹의 주인공과 역시 눈썹으로 속마음을 드러내는 강렬한 눈썹의 강아지가 대낮에 한가롭게 산책하는 모습은, 음, 어딘가 평범하지는 않으니까. 이 커플을 쳐다보면 누가 먼저랄 것도 없이 눈썹으로 "우리는 콤비랍니다."라고 말할지도 모른다. 내가 주인이라고 해도 이건 참 번거롭겠다.

뿐만 아니라 아무리 눈썹 군을 아끼고 사랑한다 해도

나처럼 낯모르는 사람이 멋대로 콤비라 지칭한다면 인간으로서 조금은 상처를 받을 수도 있겠단 생각이 들기는 한다. '강아지와 콤비라니⋯.'라며. 그렇다고 해서 양쪽 모두 눈썹을 양보할 수 있는 상황은 아니니 사람들 눈에 띄는 낮엔 따로 다니다가 밤에 모처에서 도킹하는 게 아닐까.

반대의 경우도 상상해봤다. 눈썹 군의 주인은 눈썹이 아예 없거나 흐릿한 사람이어서 자신에게 없는 걸 가진 눈썹 군을 본 순간 '이거 너무 멋지잖아!'라며 감격한 나머지 인생을 함께하기로 한 게 아닐까. 자신에게 없는 검고 풍성한 눈썹을 가진 견공에게 운명적인 이끌림을 느낀 것이다. 평소 흐릿한 눈썹으로 콤플렉스를 느껴오던 자신의 결핍을 눈썹 군을 통해 극복하고 싶었다고나 할까.

그러나 곰곰이 생각해보니 그도 결국 콤플렉스가 있는 사람인지라 이것 또한 쉽지 않을 거 같다. 오히려 그러면 그럴수록 자신의 단점이 더욱 부각돼 눈썹 군을 질투하게 되고 그 감정이 부풀려져 결국 눈썹 군에 대해 왜곡된 애증이 생길 것이다.

역시 어느 방향으로 생각해보아도 눈썹 군의 주인이

된다는 건 참으로 어려운 거 같다. 내가 주인이라 해도 돌려 말하지 않고 감정을 고스란히 표현하는 표정에 때론 놀라고 때론 마음이 상할 것 같으니 말이다. 사료를 줄 때도 그 짙은 눈썹을 한껏 강조하며 만들어낸 표정으로 미간을 찌푸리며 '맛이 뭐 이래? 좀 더 분발하라고!'라고 말하는 얼굴이 보인다면…. 아… 생각만 해도 아찔하다.

물론 감동할 때도 있겠지. 새로운 맛의 개껌을 맛보고는 '내 입맛에 딱이야. 센스 만점인데?!' 하는 표정을 지으며 꼬리라도 흔들어준다면 꽤 뿌듯할지도 모른다. 아니면 양 볼이 빨개져 수줍게 웃으며 안도할지도. 강아지의 감정 표현에 너무 전전긍긍하는 것 아니냐고?

하지만 생각해보자. 인간과 가장 가깝게 지내는 동물에게, 너무 일방적으로 대하는 건 아닐까? 반려견의 삶을 책임지는 인간으로서 그들의 눈치를 보는 것도 나쁘지만은 않겠다는 생각이 드는군요. 역지사지해보면 억울한 것은 우리보다 그들이 더 클 테니까.

요즘에도 눈썹 군은 내가 봤던 그때처럼 미간을 잔뜩 찌푸리며, 자기를 신기해하는 사람들을 향해 예의 그 정확한 표정으로 '뭘 봐?'라고 묻고 있을 것 같다. 어쩌면 지금 우리에게 필요한 건 눈썹 군의 그 정확한 '불만'일 지도 모르겠군요.

배트맨도
고민이 많다

 어디에선가 읽은 내용인데 매일 어떤 옷을 입을까에 대해 생각보다 많은 사람들이 고민한다고 한다. 누군가는 이런 얘기를 들으면 '뭐 그런 걸 가지고 고민하는 거야, 시시하게…'라며 핀잔 내지는 불만을 늘어놓을지도 모르지만 난 저 의견에 상당히 공감하는 편이다.

 특히나 우리 모두는 한정된 수량의 옷밖에 없어서 더 고민이 깊어질 수밖에 없다고 생각한다. 매일 또는 매주 정기적으로 옷의 가짓수를 늘려갈 순 없으니 **수량이 한정되어 있다는 건 끈질기게 고민을 할 수밖에 없는 문제인 것이다**. 세계 여러 나라의 자동차 회사가 이제 곧 바닥날 석유를 걱정하며 전기차를 개발하는 것도 한정된 자원이 주는 고민의 결과라 생각한다.

 그렇다고 우리는 무언가를 개발할 수 있는 처지도 아니니 어떤 관점에서 보면 유수의 자동차 회사들보다 더 엄청난 고민을 떠안고 있는 건지도 모르겠다. 이렇게 말하고 보니 점점 더 보통 일이 아니군요.

남자인 내 입장에서 보면 여자들이 조금은 유리하지 않을까, 라는 생각이 드는 경우가 종종 있다.

우선 선택의 폭이 남자보다는 다양하다는 이유인데, 특히 치마라는 아이템은 도무지 남자가 선택하기에는 쉽지 않기 때문이다. 뭐 요즘에는 남자에게 치마를 스타일링하는 디자이너들도 있지만 아직까지 대부분은 고개를 절레절레 흔들거나 미간을 잔뜩 찌푸리고 아래턱에 오른손을 받쳐 괸 채 난감해할 거라 생각한다.

그러고 보면 바지를 공유한다는 게 왠지 불공평하다는 생각이 드는 건 역시 제가 냉탕 정도 넓이의 마음을 가진 남자라 그런 거겠죠? 흠, 역시 아무리 봐도 남자에게 하의는 바지가 전부다. 여기서 선택의 폭을 넓혀도 반바지 정도이고, 차이라면 바지 통 정도겠다.

그리고 스타킹과 니삭스. 이건 거의 남자들이 당해낼 재간이 없음을 확인해주는 아이템들이다. 많은 여성들은 반바지에 니삭스만 매치해도 전혀 다른 느낌의 스타일링이 된다. 치마를 입을 때도 스타킹을 신었느냐 안 신었느냐에 따라 또 다르며 어떤 컬러를 매치하는가에 따라 전혀 다른 느낌을 낼 수 있다.

깜찍한 주름 스커트에 무릎까지 올라오는 흰 양말을 신고 폴짝이며 율동을 하는 모습은 아동부터 소녀에 이르기까지 상큼하기 그지없다. 남자들의 니삭스는 스코틀랜드의 전통 복장에 등장하는데, 빨간 체크무늬 스커트에 니삭스를 신고 관악기를 부는 모습에서 상큼함을 찾기란 도무지 어렵지 않을까. 거기에 폴짝이며 율동까지 곁들인다면… 음 이건 의외로 볼만할 수도 있겠는걸요. 그렇지만 같은 아이템을 착용해도 남녀의 간극은 이렇게나 멀다.

이렇듯 남자들은 반바지에 양말을 신는 것조차 조심스러울 때가 많다. 요즘처럼 맨발로 신발을 신는 게 자연스러워지기 전엔 꽤나 많은 남자들이 양말 하나로 깊은 고민에 빠지곤 했다. 멋을 좀 부린다 싶은 남자들은 고작 양말 하나로 외출 전 한 시간을 심사숙고했다. 신발에 맞춰 원단의 두께감도 고려 대상이었다. 포멀하냐 캐주얼하냐에 따라 양말이 보이도록 하느냐 마느냐에 대한 갈림길에서 괴로워하기도 한다.

그래서 발목 양말이 처음 등장했을 때 나를 비롯한 주변인들이 꽤나 열광했던 것 같다. 얘기하다 보니 본의 아니게 모두의 문제에서 남자의 문제(엄연히 따지면 나의 문제)

로 좁혀지고 있는데, 다시 원래대로 돌아가봅시다.

결국 한정된 수량으로 매일 다르게 보여야 된다는 문제인데, 이런 경우 역시 '유행' 혹은 '트렌드'에 폭 하고 기대면 비교적 쉽다.

하지만 매일 고민하는 이유가 그래도 남들과는 다르게 입고 싶어 하는 숨은 뜻이 있기 때문에 완벽한 해결책은 아니다.

요즘엔 국내외 기업들이 스파(SPA) 브랜드를 론칭해서 저렴한 가격에 다양한 스타일을 접할 수 있는 기회가 많아졌다. 그러나 싸다고 무한정 살 수는 없는 노릇이니 그것 또한 적당한 대안은 될 수 없겠다.

그렇다면 정말 방법이 없는 건가? 애석하게도 아직까지는 매일 같은 고민을 할 수밖에 없는 것 같다. 어느 날 전 세계 모든 사람들에게 절대적인 지지를 받는 존재가 등장해서 '앞으로 우리는 똑같은 옷을 반복적으로 입읍시다!'라고 얘기하는 장면 정도를 생각해볼 수도 있겠지만, 나조차도 그런 얘기를 듣는다면 '내가 저런 사람을 지지하고 있었단 말야?' 하며 굉장히 시시하게 생각할 것 같다.

그렇다면 과연 우리는 어떻게 입을 것인가?

　여기에 대한 내 방식은 이렇다. 최대한 기본에 충실한 옷들을 구입한다. 그러다 보니 유행에 맞춰 매번 새로운 옷을 구매하지 않아서 좋고 시간이 흘러도 오래 입을 수 있다는 장점까지 갖췄다. 그렇지만 이런 나도 매번 외출을 할 때면 어떤 옷을 입을지에 대해서 고민한다. 기본에 충실한 아이템을 산다고 해서, 옷 입기의 완벽한 대안이 될 수는 없겠다. 하지만 이대로 물러선다면 당장 내일이 아찔해질 수 있는 문제다. 그렇다고 새 옷을 쟁여가며 정면으로 맞서기에는 나에게 주어진 아이템이 생각보다 많지 않다. 아무리 패션에 관심이 많다 하여도 철마다 새 옷을 그득그득 살 순 없는 법 아닌가.

　문득 영화 〈배트맨〉이 생각난다. 브루스 웨인은 배트맨이 되기 전에는 갑부답게 멋들어진 의상을 뽐내지만 배트맨으로 변신할 때면 매번 같은 의상을 입고 출동한다. 어쩌면 천하의 갑부이자 영웅인 그도 우리처럼 매일 같은 고민을 떠안고 있었던 건 아닐까? 배트맨으로 변신해서조차 같은 고민을 하고 싶지는 않았을 것이다.

옷은 돈으로 얼마든지 구매할 수 있다. 그렇지만 본인이 직접 제작해야 하는 변신 수트는 한계가 있을 수밖에 없으므로 이건 돈이 아무리 많아도 해결되는 게 아닐 것이다. 수고로움과 귀찮음의 문제로 매번 갈아입기가 쉽지 않을 테니 말이다. 이건 어쩌면 모든 히어로 캐릭터들의 공통된 고민일 수도 있겠군요.

그러고 보면 다른 영웅들과 달리 유독 가면을 고집하는 이유도 거기에 있는 게 아닐까 싶다. 매번 똑같은 옷을 입어야 한다는 건 사람들의 이목은 물론 스스로도 여간 신경 쓰이는 일이 아닐 거다. 비록 실존 인물은 아니지만, 배트맨도 우리와 같은 고민을 안고 있다고 생각하니 왠지 마음이 놓이는 이유는 뭘까요?

나는 가면을 쓸 수도 없으니 여전히 그날의 옷을 고민할 수밖에 없겠다. 역시 그래도 가장 고민이 될 땐 올 블랙으로 입는 게 최선책일이랄까. 어쩌면 배트맨처럼.

피시 앤드 칩스, 김치 그리고 찌개

　나는 요즘 피시 앤드 칩스(fish and chips)라는 영국 음식에 푹 빠져 있다. 그것도 아주 많이. 어느 정도인가 하면, 평상시에도 몇 번씩이나 이 음식이 머리에 떠오르기도 하고 술을 자주 즐기는 편이 아님에도 "오늘은 피시 앤드 칩스에 맥주 한잔 했으면 좋겠는걸."이라는 생각을 아무렇지 않게 하곤 한다.
　그렇지만 왜 이렇게까지 이 녀석에게 빠져들었는지 도통 알 수가 없다. 심지어 이 음식의 정체를 알게 된 지도 불과 2주 정도밖에 되지 않았다. 이건 흡사 사랑의 열병에 빠져 있는 데다, 얼굴엔 여드름이 잔뜩 올라온 고교 1학년생이라 표현해도 되겠다. 최근엔 조금 더 빨리 사랑의 열병에 빠진다고 들었습니다만, 아무래도 저는 고등학생이었을 때가 한창이라 생각하고 있는 1981년생이라 그리 표현한 것이니 이해해주세요.

처음 이 녀석의 존재를 알게 된 건 정말 우연이었다. 〈다운턴 애비Downton Abby〉라는 영국 드라마를 재밌게 시청하고 있는데 갑자기 같이 보던 아내가 "아! 오랜만에 피시 앤드 칩스 먹고 싶다!"고 외치는 거였다.

시간은 자정에 가까워지고 있었고 아내는 임신 중이었다. 한여름에 알래스카 아이스바도 주문할 수 있는 세상이지만 피시 앤드 칩스는 냉동 주문보다 서울에서 사먹는 게 빨랐다. 임신한 아내의 입덧과 낯선 메뉴에의 궁금증을 해소하기 위해 날이 밝는 대로 먹으러 가기로 하곤 잠이 들었다.

다음 날 아침, 아내의 입맛은 여전히 피시 앤드 칩스였다. 남편으로서 묘한 사명감마저 솟았다. 오전에 집을 나선 우리 부부는 홍대 부근의 카페에서 녀석을 주문했다. 내가 본 첫인상은 평범하기 그지없었다. 특별할 것 없는 생선 튀김 한 토막일 뿐이었다. 콤비처럼 이름을 쓰지만 건방지게 칩스, 즉 감자튀김 위에 뻔뻔히 올라타 있었으며 어디서나 볼법한 소스가 세 개 정도 보였다. 그래도 한 가지 궁금한 게 있었으니 바로 녀석의 이름이었다. **처음 붙여졌던 이름이 '칩스 앤드 피시'였다면 피시 위엔 감자튀김을 올렸을까?** 뭐 굉장히 쓸데없는 생각이라고 하겠지만 나는 이런 게 참 궁금하다.

혹시 모를 분들을 위해서 피시 앤드 칩스를 설명하자면, (난 이제야 알게 되었지만) 영국의 대표 음식으로 150년 정도의 역사를 가지고 있다. 그런데 제2차 세계대전 당시, 프랑스가 독일에 패배하자 이를 영국 홀로 맞서야 했고, 유럽 대륙으로부터 식량 공급이 끊어지게 되었다. 그 후 엄격한 배급 제도가 시작되었고, 이 제도에 영향을 받지 않은 유일한 식재료가 흰 살 생선과 감자뿐이어서 널리 퍼졌다고 한다.

조리는 생각보다 간단하다. 흰 살 생선을 튀기고 감자는 먹기 좋게 잘라 이 역시 튀긴다. 그리고 머쉬피, 몰트 비니거, 소금을 소스로 취향에 맞게 먹으면 된다. 이렇게 쭉 나열하고 보니 이 녀석에게 뭔가 집착의 흔적이 묻어나는 거 같아 약간의 부끄러움마저 생기는군요.

여기에서 가장 중요한 식감을 얘기하자면, 겉은 튀김으로 굉장히 바삭하지만 안에 씹히는 흰 살 생선은 부드럽게 입안에서 흩어진다.

아내의 말에 의하면, 튀겨진 겉과 안의 생선살 사이에 얇게 공간이 생기는 것이 중요하다고 한다. 그래야 표면의 바삭함을 먼저 느끼고 안에서 생선살의 부드러움을 접하게 되면서 두 가지 식감을 한 번에 느낄 수 있기 때문이다.

소스는 크게 세 가지가 있는데, 난 개인적으로 몰트 비니거가 가장 인상적이었다. 우리나라의 식초와 비슷한데, 이 소스로 인해 전혀 다른 음식으로 탈바꿈한다고 생각한다. 마치 찰리 채플린의 콧수염과 같은 역할이라고 할 수 있겠다. 칩스 또한 흰 살 생선과의 궁합이 근사하다. 감자튀김이어서 느끼함을 더욱 보탤 것 같지만 오히려 상쇄시켜주는 역할을 한달까. 어떤 이는 피시 앤드 칩스의 감자칩은 절대 케첩에 찍어 먹어서는 안 된다고 하지만 난 꼭 지킬 필요는 없으니 개인의 취향에 맞게 선택하면 된다고 본다. 여기에 어울리는 음료를 꼽자면 단연 맥주를 추천하고 싶다. 그것도 수제 맥주. 확실히 튀긴 음식이어서 그런지 다른 어떤 음료보다도 맥주가 근사하게 어울린다.

　이렇게 적어놓을 만큼 긍정적인 것들이 수두룩하지만 내가 빠져든 결정적인 이유에 대해선 아직까지도 도통 알기가 어렵다. 사실 꼼꼼히 따지고 보면 비슷한 식감의 음식들은 여기저기서 많이 찾아볼 수도 있을 것 같다. 특히 감자칩은 가까운 패스트푸드점에만 가더라도 너무 흔하게 접할 수 있다. 그렇다면 무엇이 나를 이토록 빠져들게 하였나?

　한밤중에 아내의 혼잣말로 시작된 피시 앤드 칩스 매

력 탐구라니. 한편으론 의아해하면서도 나는 점점 평범한 이 음식의 은근한 매력에 빠져들었다. 사실 이 음식은 우리 식으로는 손맛, 다르게 표현하면 비법 같은 게 있기도 어려운 메뉴다. 그런데 생선튀김 한 토막과 감자튀김을 소스와 함께 내주는, 도저히 특별하기 어려운 이 한 접시의 음식은 나에게 지나쳐도 그만인 여러 생각거리들을 던져주었다.

첫째, 이 메뉴는 밍밍해 보이지만 탄수화물과 지방, 단백질을 고루 갖춘 열량식이라는 점에선 한 끼로 손색이 없다. 둘째, 매 순간 비법이 녹아 있다. 기름의 온도, 소금의 양, 감자의 두께, 생선의 부위 등 맛을 좌우하는 요소는 많다. 셋째, 자극적이지 않은 요리가 섬나라 특유의 공격성을 안으로 더 단단하게 해준 건 아닐까.

사소한 메뉴 하나에 지나친 잡념이려나. 모든 사소한 것에 이렇게 신경을 쓰는 것은 맞지만 그래도 한가한 녀석이구나, 라고 단정하지는 말아주세요.

메뉴 이름을 입안에 넣고 오물오물 발음하다 보면 또 하나의 재미난 점을 발견하게 된다. 피시 앤드 칩스. 우리나라 식으로 번역하면 '물고기 그리고 튀긴 감자'라 할 수 있겠는데, 아무리 생각해봐도 음식 이름에 '접속어'가

들어가는 경우는 거의 없는 것 같다. 피시칩스라 이름 붙였어도 전혀 어색하지 않았을 텐데… 굳이.

그러고 보면 같은 이름이어도 '접속어'를 붙임으로써 무언가 더 골똘히 생각하게 만드는 힘이 생기는 것 같다. **예를 들면 내가 좋아하는 평양냉면에 접속어를 넣으면 '평양 그리고 냉면'이 된다.** 어쩐지 바람 부는 창밖을 내다봐야 할 것 같다. 김치찌개에 적용하면 '김치 그리고 찌개'가 되는데, 원래 이름에서는 단 하나의 음식만 연상되는 것에 비해 접속어만 넣었을 뿐 굉장히 폭넓게 음식들이 떠오른다. 더불어 콤비를 연상케 하여 나눠서 생각하면 라이벌 같기도 하다.

역시 무엇이든 이름이 가지고 있는 힘은 굉장하다는 걸 새삼 실감하게 된다. 그렇다면 피시 앤드 칩스를 이을 접속어가 어울리는 가장 적합한 메뉴는 무엇이 있을까? 나는 망설임 없이 '파닭'이라 말하고 싶다. 스프링어니언 앤드 치킨이랄까.

그 남자의 취향

알다시피 나는 〈다운턴 애비〉라는 영국 드라마에 빠져 있었다. 간략한 줄거리를 소개하자면 20세기 초의 영국을 배경으로 귀족인 그랜섬 가문의 상속을 둘러싼 그들의 이야기가 주를 이룬다.

이 드라마를 시청하면 스토리가 주는 즐거움도 있지만 20세기 초의 영국 귀족의 생활을 엿볼 수 있다는 재미 또한 굉장히 크다. 사실 회가 거듭될수록 당대의 디테일에 더 집중해 있는 나를 발견하곤 하는데 그만큼 작은 부분 하나까지 놓치지 않고 잘 표현돼 있다. 예를 들자면 그 당시의 귀족들이 자신의 영지에서 사냥을 하는 장면은 마치 디스커버리에서 볼법한 사실적인 묘사로 "이건 시청각 자료로 써도 괜찮겠는걸."이라는 쓸데없는 생각까지 하게 만들 정도였다.

드라마나 영화를 보면서 줄거리에 완전히 집중하게

되는 경우가 있는가 하면 사소한 것이 단초가 되어 상상의 꼬리를 자꾸만 이어가는 경우가 있다. 나는 다양한 스타일로 작품을 감상하는 것을 즐긴다. 일의 연장이라고 생각하진 않는다. 그저 드라마나 영화를 보는, 단순하지만 즐거운 취미일 뿐이다.

특히 이 드라마에 등장하는 그랜섬 가의 식사 장면이 인상적이었는데 그 이유는 너무 많이 잘 먹기 때문이었다. 세 끼를 꼬박꼬박 그것도 코스 요리로 한 끼도 거르지 않고 먹는다. 심지어 시대적 배경이 제2차 세계대전일 때도 그렇게 잘 먹는다. 귀족이라는 것은 전쟁에도 아랑곳없이 유복할 수 있는 것인가. 드라마라지만 어느 정도의 고증은 했을 터이니, 허무맹랑한 설정은 아닐 것이다. 전쟁을 겪으면서도 느긋하게 여유를 즐기며 정찬을 즐기는 비현실적인 모습은 내 시선을 단단히 붙들었다.

나도 살면서 종종 코스 요리를 먹어본 적이 있지만 매번 먹을 때마다 '아직도…?'라며 혀를 내두른 적이 한두 번이 아니어서 이걸 매 끼니 먹어야 한다고 생각하면 머리 위가 뜨거워지며 등줄기에 열이 오르는 듯한 느낌을 받는다. 눈치채셨겠지만 나는 대식가는 못됩니다.

또한 먹을 때마다 음식을 남기기 일쑤여서 드라마를

보면서도 "음식물 쓰레기가 만만친 않겠는걸." 하며 괜한 걱정을 하기도 했다. 그러다 문득 영국은 음식이 맛이 없기로 유명한데 매 끼니 코스로 먹어야 하는 귀족의 삶도 쉽지는 않을 거 같아 연민이 느껴지기도 했다.

 물론 제가 걱정할 부분은 아니라고 생각합니다만 그래도 안타까운 마음이 드는 건 어쩔 수 없네요. 사사로운 일에 참견하기 좋아하는 나로서는 도저히 그냥 넘어갈 수 없는 부분이긴 합니다.

 그래서 혼자 상상해보기로 했다.
 내가 영국의 귀족이고, 매일 세 끼의 식사를 정말 맛없는 음식과 함께해야 한다면?

 쉽지 않은 문제다. 귀족이니 식사는 예를 갖춰 먹어줘야 하는데, 음식이 맛이 없으니 그 긴 시간을 효과적으로 넘길 방법을 찾아야 하겠지. 수많은 생각을 다각도로 해보았지만, 그래! 역시 술이다. 〈다운턴 애비〉를 봐도 식사 때마다 반주라고 하기에는 양이 넘치는 알코올을 매번 들이키는 그들을 확인할 수 있다. 이 점도 드라마를 시청하면서 약간의 의문이 드는 장면 중에 하나였는데 이제야 궁금증이 풀리는군요.

확실히 어느 정도의 술기운은 본래 사람에게 용기를 주거나 감각적으로 무뎌지게 만들어주는 역할을 하기에 식사가 조금 맛이 없다 하더라도 술을 몇 잔 들이킨다면 큰 무리 없이 넘어갈 수 있겠구나 싶다. 하지만 나처럼 술을 잘 못 마시는 사람이라면 이래저래 참 난감한 상황이긴 하다. 그래도 어느 한쪽을 반드시 선택해야 한다면 역시나 맛없는 음식보다는 고주망태가 되더라도 술을 택하겠다. 대식가도 아니고 입도 짧은 편인 내가 '먹어야 하는 의무'가 주어진다면 차라리 혀와 다른 감각들을 무디게 하는 게 낫다.

인간은 누구나 맛있는 것을 먹고 싶어 한다. **맛없는 음식을 앞에 놓고 예를 차려야 한다면 차라리 술로 혀를 무디게 하리라.** 그런 다음 충격을 최소화한 미각과 위장에 조금씩 음식을 섭취하는 것이 안전하지 않을까. 여차하면 술기운을 핑계로 픽! 하고 쓰러질 수도 있으니 나에겐 더더욱 나쁜 선택은 아닌 거 같다. 하지만 이런 생각을 하고 있자니, 여러모로 귀족이라는 것도 곤욕스러운 일인 듯 싶다.

음식을 먹는 것에서 그치면 그나마 낫다. 길고 화려한 테이블에 길게 모여 앉아 '대화'라는 것을 해야 한다. 우리 선조들은 밥상 앞에서 말을 하는 것을 금기했다고 하

는데, 서양에서 식사에서의 가장 중요한 예절이자 반드시 필요한 메인 메뉴로 '좋은 대화'를 친다.

상상을 확대해보자. 맛없는 음식을 천천히 먹고 있는 상황이라면 내 얼굴은 뭔가 불만을 숨기지 못하고 불편한 기색을 비칠 것이다. 누군가 봉백작 안색이 좋지 않군요 어디가 불편하십니까, 하고 묻겠지. 나는 짐짓 신사답고 사려 깊은 태도로, 그럴 리가요 좋은 디너입니다, 풍으로 넘기지는 못할망정 기다렸다는 듯 이러쿵저러쿵 음식에 대해 투정을 늘어놓을 것이 뻔하다.

몇몇은 내 의견에 동조하고 또 몇몇은, 버터가 아주 신선한걸요 원유가 훌륭한 모양입니다, 라면서 분위기를 무마하는 멘트를 날릴지도 모른다. 음식을 준비한 요리사는 진땀을 흘리며 새 음식을 내놓거나 하녀들은 은쟁반을 들고 식은 음식을 다시 데워오는 등 겉으로는 조용한 가운데 허둥대는 상황을 연출할 거다. 여차저차해서 식사 자리가 끝나면 남자들은 남은 술잔과 시가를 물고 자리를 옮겨 새로 나온 마차와 궁전 돌아가는 상황에 대한 대화를 나누겠지. 귀족부인들은 자연스럽게 디너 테이블에 몰려 앉아 공작 깃털이 달린 앙증맞은 부채를 흔들며 내 흉을 보기 시작할 것이다.

'봉태규 백작은 어쩜 음식에 그렇게 까탈을 부리는

지… 콧수염도 잘 나지 않는 거 보면 머리 스타일만 남자일 수도 있죠, 호호호.'

'그러고 보니 몸도 깡마른 게 어쩐지 영 사내구실도 못할 거 같더라니….'

'소문에 의하면 그의 까탈스러움에 치를 떨다 도망간 여자들이 한둘이 아니래요!'

'어머, 어머, 나도 그 소문 들은 것 같아. 원래 남자구실 못하는 것들이 주둥이만 살아서 나불대잖아요, 호호호.'

아… 생각만 해도 아찔하다. 음식투정을 한 대가치곤 노골적이고 원색적이지 않은가. 맛없는 음식을 맛있게 먹어주는 남자가 인기라는 얘기는 많이 들어왔지만 그런 면에서 나는 결코 인기쟁이가 될 순 없는 모양이다. 대놓고 투정하진 않겠지만 맛없는 것을 맛있다고는 못하겠다.

성주라면 본인 의지와 상관없이 이런 저런 소문들을 듣고 싶지 않아도 어쩔 수 없이 알게 될 텐데… 다행이다. 지금 난 나보다 요리를 잘하는 아내가 있고, 마을을 통치하는 성 대신 정릉의 아파트에 반전세로 살고 있으니 매 끼니 음식 때문에 고민하지 않아도 되니 말이다.

그래도 화보나 영화 속 남자들의 풍성한 콧수염을 보면 나도 모르게 사내답다는 생각을 한다. 나도 콧수염이 풍성하게 자라서 누군가 내 사내구실에 대해 우와! 하며 수근거려주길 바라는 마음은 조금 있다.

'봉태규 씨 수염 좀 봐봐. 남자답다, 그치?' 하며….

히어로즈 파이팅!

　내가 글을 쓰고 있는 오늘 2015년 시즌 프로야구의 모든 일정이 끝났다. 엄청난 기세의 두산 베어스가 준플레이오프를 거쳐 플레이오프, 한국 시리즈까지 거머쥐는 '언더독(underdog, 상대적 약자)의 승리'라는 아주 그럴듯한 스토리로 막을 내렸다.
　내가 응원하는 팀은 넥센 히어로즈라 야구팬의 한 사람으로서 '누가 이기든 될 대로 되라지.'라는 심정으로 모든 경기를 관람했다. 그렇지만 스포츠는 응원하는 팀이 있어야 보는 재미가 배로 늘어나기에 어쩔 수 없이 나와는 무관한 어떤 한 팀을 선정해야 했는데, 이게 참 난처했다.
　두산 베어스를 응원하자니 넥센 히어로즈와의 경기에서 말도 안 되는 뒷심으로 역전승한 모습이 계속 떠올라 영 마음이 가지 않았으며, 삼성 라이온즈를 응원하려고 보니 매번 우승하는 그 모습에 '굳이 나까지 절대 강자에게 기운을 불어넣어줄 필요가 있나.'라는 생각에 썩 내키지가 않았다. 내가 좋아하는 팀의 경기가 있는 것도 아닌데 이런 난처한 상황에 몰리게 될 줄은 전혀 몰랐으나 그래도 반드시 한 팀을 정하고 싶었기에 넥센 히어로즈를 이기고 올라온 두산 베어스보다는 삼성 라이온즈를 응원하기로 했다.

이렇게 결정하긴 했지만 그래도 여전히 마음 한구석엔 절대 강자로 군림해온 삼성 라이온즈가 조금은 지길 바라는 진심 또한 다 버리지는 못하고 있었다. 상황이 이러하다 보니 야구를 보는 내내 두산 베어스가 점수를 내도 좋아하고, 삼성 라이온즈가 점수를 내도 좋아하는 기이한 반응이 연속해서 터져나왔다. 공격과 수비가 뒤죽박죽되면서 어느 쪽이든 이기는 쪽을 응원하게 되는 상황이랄까. 방금 공격 팀이 실책을 냈을 때 탄식을 내다가도, 상대팀이 실책을 내면 또 애석해하는 말도 안 되는 응원을 혼자서 해대고 있었는데, 이런 식으로 경기를 관람하다 보니 또 나름대로 재미가 있었다.

심지어 동점으로 점수가 팽팽할 때는 공격을 하는 팀

이나 수비를 하는 팀 모두에게 파이팅을 외치기도 했는데…. 참 박쥐 같은 내 모습에 '뭐 이렇게까지 해야 되는 건가?'라는 자조 섞인 생각이 들기도 했다.

그렇다 하더라도 어느 한쪽이 이겨도 상관없는 스포츠를 보는 재미란 나름대로 안심할 수 있는 구석도 많았다. 어느 쪽이 승리해도 기분 좋았으며 어느 쪽이 패배한다 해도 상심하지 않았는데, 어쩌면 가장 진보적이고 세계평화적인 스포츠 관람이 아닌가, 하고 나름의 해석을 하면서 혼자 우쭐해했다. 선수들 입장에선 자기네 팀을 적극적으로 응원해주길 바라는 답답한 마음에서 참으로 애매모호한 관람객일 수 있겠지만 이번 시즌만큼은 내 방식을 거둬들이고 싶지 않았다.

나라는 인간은 원래 이런저런 생각에 멋대로 기준을 들이대고 혼자 도달한 어떤 결론에 잘 우쭐해하는 편이다. 누군가에게 발설하거나 강요하는 건 아니지만 그래도 스스로에게 자존감을 높여줄 수 있는 좋은 방법이라고 생각합니다만…. 역시 엉터리인 건 어쩔 수 없으니 혹시 저 같은 방식의 자존감 고양 방법을 고려하고 계시다면 잘 참고해주세요.

다시 야구 얘기로 돌아와서. 이렇게 기분 좋게 마음

편안히 야구를 즐기고 있었지만 한편으로는 기세 좋은 두산 베어스에 삼성 라이온즈가 맥없이 무너지는 경기들이 많아 씁쓸한 기분이 들기도 했다. 나도 사람인지라 오차범위가 소수점 이하로 완벽하게 균형을 맞출 수는 없었다. 겉으로는 어느 쪽이든 공평하게 응원하는 것처럼 보였지만 **그때그때 상대적 약자에게 마음이 쏠리는 것이었다.** 일종의 측은지심이 발동했다고 할까.

이때 든 생각이 있다. 상대적으로 약체인 팀은 어떤 의미에선 스스로 약하다라는 인식과 보호벽이 강하기 때문에 패배를 받아들일 때 충격파가 조금은 덜할 수도 있을 것 같다. 하지만 강팀의 경우 어딘지 다를 수도. 예상 밖의 뼈아픈 패배감에 얼이 나간 것 같은 무방비상태를 보이고 마는 경우가 종종 있으니 말이다.

2002년 월드컵에서 우리에게 패했던 강팀들을 떠올려본다면 이해가 빠를 것이다. 더군다나 대부분의 전문가들 프로야구 팬들도 삼성 라이온즈의 우승을 점쳤으니 만약 패배한다면 그 충격은 내 생각보다 더 크게 다가오지 않을까 싶다.

절대 질 것 같지 않았던 절대 강자가 맥없이 무너지는 모습을 본다는 건 역시나 마냥 즐거울 수는 없는 일인 것 같다. 조금 더 그럴듯하게 패배한다는 게 일어날 수 있는 건지는 모르겠지만 이런 식의 패배는 그동안의 삼성 라이온즈를 생각한다면 쉽게 납득하기 어려운 모습이기는 했다.

1승 3패로 몰려 있어 마지막일지도 모를 5차전에서는 생각보다 빨리 삼성 라이온즈의 패배가 결정됐는데, 중계 카메라에 잡힌 그들의 모습은 왠지 굉장히 낯설게 느껴졌다. 통합 우승을 4번이나 한 모습은 온데간데없었으며 다들 기세가 한풀 꺾인 채 지금의 상황을 어쩔 수 없이 급하게 받아들이고 있는 듯했다.

그러다 문득 흔한 공포영화의 한 장면이 떠올랐다. 매번 전교 1등을 하던 아이가 한 번의 2등으로 자신을 용서하지 못하고 스스로 목숨을 끊어 졸업하지 못한 채 망령이 되어 학교를 떠돌고 있다는, 그런 이야기.

뜻밖의 패배감에 관한 비유치곤 너무 무서운가? 하지만 최상위에 있다 보면 스스로에게 긋는 잣대도 그만큼 엄격할 거다. 그래서 패배나 실수의 허용치가 적을 수밖에 없다. 좀 과격하긴 하지만 1등이 1등 자리를 빼앗길 바에야 화끈하게 하위권이 낫지, 2등 자리가 더 치욕일 것이다. 1등을 지킬 수도 있었다는 자책이 앞설 테니까.

갑자기 내년 시즌 그들의 모습이 걱정되었던 건 아마

도 그래서였던 거 같다. 야구팬의 한 사람인 내가 봐도 준우승한 삼성 라이온즈는 영 어색하니깐. 당사자인 그들은 어떨까?.

이런저런 걱정이 앞서고 있던 와중에 인터넷에서 한 기사가 눈에 들어왔다. 우승한 두산 베어스가 세리머니를 할 때 일렬로 도열한 채 끝까지 자리를 지키고 있던 삼성 라이온즈 선수단에 관한 기사였다.

2011년 당시 아시아 시리즈에서 우승한 삼성 라이온즈가 세리머니를 하고 있을 때, 시상식이 끝날 때까지 자신들을 축하해주는 상대 팀 모습에 감명을 받은 삼성 류중일 감독이 '나도 언젠가 기회가 되면 꼭 저런 모습을 보여주자.'고 다짐했었고, 올해 드디어 그 기회가 찾아와 그때의 다짐을 지킨 것이다.

나는 이 기사에서 강자의 위엄을 보았다. 멋있었다. 역시 스포츠는 치열한 승부전도 멋있지만 스포츠 정신에 입각한 자세가 드러날 때 감동이 백배 커지는 것 같다.

나의 천둥벌거숭이 같은 상상력이 무안해지는 순간이었다. 패배를 미리 준비했던 그들을 보며 망령이 되어 떠돌아다니는 학생을 떠올리다니 나도 참 한심하다. 내가 걱정할 건 이런 팀을 상대해야 하는 넥센 히어로즈인데 말이다.

 자자, 넥센 여러분! 패배가 기회일지도 모르지 말입니다.

먹고 또 먹고

　나는 욕을 참 많이 먹는다. 무슨 뜻이냐 하면 말 그대로 다수의 사람들에게 욕을 많이 먹고 있다는 뜻이다. 그렇다고 해서 내가 사람들에게 몹쓸 짓을 많이 했느냐 하면 그런 것도 아니다. 내가 공식적인 '욕먹어 마땅한 사람'도 아닌데 왜 욕을 하는 사람들이 많으냐고? 글쎄다.

　욕을 많이 먹는다는 전제부터 생각해보면, 일단 인터넷 기사에 달린 댓글들이 분명 내가 체감하기에 이 정도면 욕을 많이 먹는 편이라고 생각하는 수위에 와 있다. 이유나 명분이 없이 '그저' 비난이 늘어서 있을 땐, 그건 개선하고 노력을 요구하는 지적사항이 아니라 '욕'일 뿐이다. 뭐 물론 그게 나쁘다는 것은 아니다. 그래도 참으로 많은 욕들이 다양하게 쓰여 있었다. 뭐랄까… '가차없다'라는 표현이 참 적절하다는 생각이 들 정도였다.

하지만 우리가 사는 세상에는 아무 이유 없이 좋은 사람이 있고, 어떻게 해도 싫은 사람이 있으니까. 그래서 내가 욕을 먹는 이유에 대해 나름 객관적이고 진지하게 생각해보고 싶어졌다. 하여 사람들이 나를 부정적으로 여기는 요소에 대해 나름 면밀하게 들여다봤다. 괜한 승부욕 같은 건 아닙니다.

우선 제일 많은 지적 중 하나가 나의 생김새에 관한 것들이다. 가혹하게 들리겠지만 정말 너무나 많다. 거기에 더해 굉장히 직설적인 표현이 대부분이다. 그중에서도 몇 가지 기억에 남는 내용을 떠올려보자면 '이상하게 생겼다' '못생겼다' '막 생겼다' 등이 있다. 뭐 틀린 말은 아닐 것이다. 그래도 '막 생겼다'는 표현은 평가조차 받지 못한 거 같아 아쉬운 마음이 들기는 하는군요.

내가 거울로 나를 들여다봐도 객관적 기준의 잘생김은 없는 거 같다. 사람마다 잘생김의 기준은 제각각이겠지만 여기서는 미디어에서 말하는 잘생긴 사람들을 기준으로 삼았다. 지금 이 글을 읽다가 문득 잘생김을 떠올려보았을 때 바로 연상되는 어떤 이가 있을 것이다. 이럴 때 제가 떠오르지는 않겠죠? 네!

'이상하게 생겼다'와 '막 생겼다'는 그 경계가 너무 광범위해 어떤 의견을 내놓기가 어렵지만 무난하게 생겼다는 말은 아닌 거 같으니 '평균적이지 않다'는 면에선 나도 상당 부분 동의한다고 할 수 있겠다. 하지만 나의 외모가 타인의 기분을 상하게 한다는 것을 기정사실로 받아들이는 건 어려운 문제인거 같다. 어떤 잘못을 했다면 분명 원인이 있게 마련인데 내 외모에서 비롯된 기분 나쁨은 원인을 찾기가 쉽지 않기 때문이다. 원인을 찾기가 어려우니 해결책을 찾기는 쉽지 않다. 애초에 나에게 선택권이 주어져 있던 문제가 아니기 때문이다. 이건 내가 나서서 사과할 수도 없는 노릇이니…. 그래서 외모에 대한 욕을 먹을 때면 난감할 때가 참 많다. 그래서 이럴 때는 어떻게 사과하는 게 좋을까 싶어 몇 가지 예를 생각해봤다.

1번. "저도 이렇게 생긴 건 참 유감이라 생각합니다."
2번. "어쩔 수 없군요. 선택권이 저에게 있었던 건 아니라…. 다음엔 좀 더 분발하겠습니다."
3번. "마음을 가라앉히고 차분히 들여다보면 저도 그리 나쁜 얼굴은 아니니 시간을 가지고 지켜봐주시겠습니까?"

4번. "가끔 저도 부모님에게 묻곤 하지만 그분들도 어쩔 수 없다 하니 저도 참 난처합니다."
5번. "그래도…. 매력은 있지 않나요?"

끙끙 쥐어짠 다섯 가지의 대답이긴 한데 써놓고 보니 적합하다고 여겨지는 게 하나도 없다. 심지어 예시 중 몇 가지는 오히려 화를 돋우는 기분마저 든다. 아! 아무리 떠올려봐도 역시 사과하기가 쉽지 않다.

그렇다고 해서 또 다른 것들을 떠올려서 이러저러한 것들을 늘어놓아 봤자 변명만 늘어나는 거 같으니 이거 참 여러모로 곤란하기 그지없다.

내가 해결할 수 없는 문제로 누군가에게 욕을 먹는다는 건 기분 나쁘기 이전에 스스로를 난처하게 만드는 거 같다.

성격상 그런 말을 들어도 속상하거나 상처를 받지는 않는 편이다. 그러다 보니 욕을 먹는 이유에 대해 최대한 객관성을 유지하려고 하는 것 같다. 문득 이런 태도마저 욕먹을 거리가 될 수 있다고 생각하니 웃어야 할지 울어야 할지 모르겠다.

너무 뻔뻔해서 그런 건 아니니 오해는 하지 않으셨으면 한다. 어쨌든 나에게 욕을 하는 분들 입장에서는 내가 이렇게나 태연하다는 게 또 기분 나쁜 일일 수도 있으니 말이다. 글을 쓰고 있는 지금도 저는 열심히 팩을 하고 있습니다. 이런다고 만족하실지는 모르겠지만 그래도 신경은 쓰고 있다구요!

원인과 해결책을 찾는 과정에 골몰해보니 어쩔 수 없이 스스로 더 분발할 수밖에 없다는 생각이 굉장히 커졌다. 제일 먼저 운동을 열심히 했다. 다이어트를 한다면 몸매를 가꿀 수도 있고 그와 더불어 얼굴 살이 빠지면서 자연스럽게 남자다운 윤곽이 드러나지 않을까 싶어 정말 열심히 운동에 매진했다.

그 결과 그런대로 요즘 유행한다는 슬림한 몸매를 얻을 수 있었으며 예상한 대로 볼살이 빠져 얼굴 윤곽이 엄청나게 뚜렷이 드러났다. 나에 대해 스스로 어떤 평가를 내리기는 어려웠지만 확실히 이전의 내 모습과는 다르게 보여 '조금은 괜찮아 보이지 않을까?'란 생각을 하게 되었다.

나에 대해 부정적인 시선을 갖고 있는 사람들의 편견을 조금이라도 바꾸기 위해 순수한 나의 노력 100퍼센트로 만들어진 외양이었다. 당연히 나를 보는 사람들의 시선이 어떻게 바뀌었을지 궁금했다.

변화된 내 모습이 공개됐다. 하지만 사람들의 평가는 여전히 냉정했다. '늙었다' '해골 같다' '꼴 보기 싫다' 등등이 추가된 평가가 되돌아왔다. 물론 그중엔 '안쓰럽다'는 동정 어린 평가도 있어 위안이 되기도 했지만 가만히 있을 때보다 더 많은 욕을 먹게 되었으니 실패했다고 말할 수 있겠다. 그리고 역시나 자세히 들여다보니 늙은 것 같기도 하고 너무 말라 해골 같기도 했으니 딱히 반박할 여지도 없었다.

그렇다 하더라도 이번엔 내가 선택한 길이었기 때문에 마음은 한결 편해졌다. 비난이든 응원이든 내 의지로 행동한 일에 대한 반응들이었으므로 무턱대고 지적이나 평가받던 때보다는 홀가분했다. 아무리 그렇다 해도 탄산음료와 같은 상쾌함은 아니니, 저의 홀가분함을 위해 일부러 욕을 하실 필요는 없습니다.

아직까지도 왜 이렇게까지 다른 사람들에게 욕을 먹는지 잘 모르겠다. 일일이 찾아가서 봉태규가 "뭘 그렇게 잘못했습니까? 왜 그다지도 봉태규를 미워하십니까?"라고 묻고 사과할 수도 없는 노릇 아닌가. 참 난처하다.

다만 왜 같은 일을 해도 유독 봉태규는 욕을 많이 먹는가에 대해 한 번쯤은 단서를 찾고 싶었던 거 같다. 물론 내가 가진 직업의 어쩔 수 없음이라고 얘기한다면 할 말이 없지만 그래도 참 궁금하기는 하다. 내가 할 수 있는 게 한정적이어서 답답하기도 하고.

태연한 성격이긴 해도 누군가에게 욕을 먹는다는 것도 역시나 쉬운 일은 아니다.

그래도 기분 나쁠 땐 나쁘다구!

여름 씨는
여름스럽기도 하지

　날씨가 더웠던 한여름의 어느 날 압구정동에 약속이 있어 나갔다. 그때의 난 차가 없었으므로 대중교통을 이용했는데 내가 살던 곳에서 약속 장소까지 한 번에 갈 수 있는 교통편이 없었다(당시는 분당선이 생기기 전이었다). 3호선 압구정 역에서 내려 약속 장소인 갤러리아 백화점 근처의 한양아파트까지 한참을 걸어야 했다. 가는 동안 연신 손으로 얼굴을 가리고 부채질을 해보았지만 한창때의 여름을 당해낼 재간이 없었다.

　그리고 그늘진 곳은 왜 이렇게 드문지 가는 내내 태양과 정면으로 맞서는 기분이 들었다. 마치 싸움을 잘하는 어느 동급생이 작정하고 나에게 시비를 걸기 위해 눈을 마주치려고 그러는데 어디로 시선을 돌려도 피할 수 없는, 딱히 잘못한 것은 없지만 강렬한 기세에 눌려 끝없이 움츠러드는 느낌이랄까. 생각만 해도 아찔하군요.

그럴 땐 대부분 이유도 모른 채 내가 고개를 조아리며 사과하면 어렵사리 넘어갔던 기억이 있지만, 태양에게는 도무지 사과도 할 수 없으니 그저 난감할 따름이었다. 태양은 마치 나를 타깃으로 삼은 저격수처럼 내 머리부터 발끝까지 샅샅이 열기를 쏘아대고 있었다. 걷는 것을 즐기는 나라고 해도 이런 태양의 기세가 반가운 일은 아니었다. '어이, 날 좀 그만 내버려두라고!' 속으로 외쳐보았지만 전혀 소용이 없었다. 역시나 크게 소리를 친다는 건 용기를 필요로 하더군요.

차마 태양과 맞설 용기는 나지 않았다. 그러다 애꿎은 빌딩에게 화풀이를 했다. 아무튼 저렇게 높고 크게 지어져 있으면서 그늘도 만들지 못하다니…. 뭔가 대로변에 자리 잡고 있는 빌딩의 본분을 다하지 못하고 있다는 생각이 들었다. 게다가 저렇게 높고 튼튼하게 지어진 주제에 지나가는 행인 하나 보호해주지 못하는 건 뭔가 잘못된 것이 아닌가 싶은 억하심정마저 들었다. 너무 덥거나 추우면 인간의 사고력은 이렇게 엉뚱하게 흐르기도 하는 거겠지.

나는 욱! 하는 마음이 들어 걸음을 멈추고 오른손으로 태양을 살짝 가린 뒤 내 안의 분노를 눈빛으로 표출해주었다. 그런데 놀랍게도 이 마음이 닿았는지, 빌딩은 자기 몸을 감싸고 있던 유리창에 태양을 반사해 더 강력한 빛을 만들어 나를 쏘아보고 있었다. 강남의 고층 건물 유리창은 촬영장의 그 어떤 조명보다 선명하고 뜨겁게 빛났다.

    이런! 난 순간 직감했다. 저 건물도 결국 내가 눈을 피해야 하는 대상이라는 걸…. 화풀이 대상이 필요해 시비를 걸었더니 더 큰 화를 입게 되는, 딱 그런 경우였다. 또는 만만한 줄 알았던 동급생이 시비를 걸 때 눈을 바로 깔지 않고 고개를 빳빳이 쳐들었다가 심신이 고달파지는 경우와도 비슷하겠다.
    하지만 날 더욱 난감하게 만든 건 내가 먼저 째려보며 시비를 건 거라 사과를 한다 해도 쉽게 넘어가지 않을 거라는 게 문제였다. 아니나 다를까 시선을 앞으로 옮기니 그 빌딩의 친구들로 추측되는 높고 커다란 건물들이 온몸으로 내가 지나야 하는 길에 엄청난 반사를 해대고 있었다. 이렇게 어리석을 수 있다니….
    지역의 특성상 압구정동은 온통 사방이 건물 천지로 이루어져 있다는 걸 알고 있었을 텐데 왜 이렇게까지 흥분을 해서 스스로 화를 키운 것일까?

이미 후회해도 늦었다. 무슨 수를 써서라도 우선은 이 자리를 벗어나는 게 급선무라는 생각이 들었다. 그들에게서 벗어나기 위해서는 약속 장소로 급히 이동하는 수밖에 없다. 괜히 버텼다간 내 몸의 수분과 기력이 버티지 못할게 뻔했다.

나는 이글이글 타오르는 태양과 태양열을 내 몸에 반사해주는 건물 유리창들에게 정중히 사과하는 기분으로 주변을 살폈다. 나는 내 앞으로 펼쳐진 단단하고 뜨거운 길을 아무 의심도 없이 빠르게 지나가기로 결심했다.

빌딩과 그의 친구들이 내뿜는 빛의 반사를 최대한 피하기 위해 도로 가까운 곳으로 자리를 옮겼다. 얼마나 벗어날 수 있을지 모르겠지만 그래도 피해를 최소한으로 줄이기 위해서는 그들의 사정거리에서 멀찌감치 떨어지는 게 올바른 판단이라 생각했다. 겁이 나서 그런 건 아닙니다.

여기서 기억해야 할 포인트는 내가 이런 마음을 품었다는 걸 눈치채지 못하게 더욱 당당히 행동하는 것이다. 허둥대거나 조급한 마음을 들키면 빌딩의 반사열은 심리적으로 더욱 거세게 느껴질 것이다. 게다가 나름 신의 한 수로 생각한 행동이 틀어지는 격이니, 전의를 상실한 채 기분은 급격히 울적해진다.

생각을 들키지 않고 자연스럽게 행동하는 것, 이것이 앞을 보고 나아가겠다는 마음을 가진 자의 올곧은 기본자세가 아닐까.

여기까지 생각의 꼬리를 잇자, 어느 정도는 조급함을 달랠 수 있었다. 처음 마주친 빌딩을 응시했던 그 모습 그대로 슬금슬금 자리를 이동했다. 자연스럽게 보이려고 태양을 가리기 위해 올렸던 오른손을 내렸다. 바로 눈이 따가울 만큼 태양의 엄청난 눈빛이 느껴졌다. 태양은 마치 나를 비웃기라도 하듯이 푸하하! 웃으며 더 강렬한 열을 내뿜고 있었다. 시선을 오른쪽으로 돌리니 온몸으로 반사를 하는 그들이 일렬로 쭉 늘어서 있었다.

左태양 右빌딩이라…. 그렇다. 지금 나는 사방이 적으로 둘러싸여 있다. 누구를 원망할 수도 없다. 화를 자초한건 나라는 걸 누구보다 잘 알고 있으니 말이다. 하지만 어쩔 수 없이 뒤늦은 후회가 밀려왔다.

"저 빌딩만 쳐다보지 않았어도…."

깊은 한숨을 내쉬고 배 안에 깊이 잠겨 있던 마지막 숨을 신호 삼아 엄청난 속도로 뛰기 시작했다. 순간의 머뭇거림도 있으면 안 된다. 내가 할 수 있는 건 오로지 앞을 향해 내달리는 일뿐…. 그렇게 가쁜 숨을 몰아쉬며 달리고 있는데 횡단보도가 눈에 들어왔다. 보행신호의 색깔을 보니 빨간색이 선명했다. 마치 나에게 어떤 위험을 경고하듯이…. 혹은 태양의 타오름을 표현한 색깔인 것 같아 소름이 돋았다.

 재빨리 횡단보도에서 신호를 기다리던 사람들을 확인했다. 꽤 많은 사람들이 기다리고 있는 것으로 보아 곧 신호가 바뀔 것 같다는 생각이 들었다. 달리던 속도를 줄여서 마치 포기하는 듯한 인상을 태양과 그의 일당들에게 주었다. 심장이 엄청난 속도로 쿵쾅거리기 시작했다. 그 순간 신호등이 노란불로 바뀌었다. 이때다 싶어 다시 온 힘을 다해 달렸다. 신호등은 "당신은 안전 구역에 들어섰습니다."라고 말하듯 나를 향해 초록색으로 다정하게 반짝였다.

 그렇게 그들에게서 벗어나 드디어 약속 장소에 도착했다. 숨을 고르고 의기양양하게 고개를 쳐들어 하늘을 보았다. 통쾌함을 맘껏 느끼려는 순간 온몸이 땀으로 흠뻑 젖어 있음을 알았다. 태양은 여전히 뜨거웠다. 날 비웃기라도 하듯….

 나는 기진맥진한 몸으로 시원한 에어컨이 나오는 실

내에 털썩 쓰러지듯 앉았다. 잔뜩 부푼 안도감을 안고. 그러다 문득 지금이 7월 초라는 생각이 들었다. 그렇다. 아직도 여름은 한 달이나 넘게 남아 있었다.

  나는 휴대폰 달력과 내 정수리 위의 태양을 번갈아 바라봤다.

  올해 여름도 여전히 저는 고군분투 중입니다. 그래도 여름은 역시 여름다워야 한다고 생각합니다만.

아마도 켄타우로스는
이해하겠지?

분명하게 밝혀두겠지만, 나는 사람의 외모에 대해서 이러쿵저러쿵 말하는 걸 좋아하지 않는다. 나부터 그리 뛰어난 외모를 가진 것도 아니고, 사람은 각기 자신만의 매력이 있는 거지 어떤 기준에 따라 얼굴을 '잘'과 '못'으로 나누는 건 시시한 일이라고 생각하기 때문이다. 물론 그래도 잘생긴 건 잘생긴 거겠지요.

가끔 사람의 외모를 동물과 나란히 두고 간단하게 결론 내버리는 장면을 목격하게 되면 어쩐지 기분이 좋지 않다.

그중에서도 특히 말(馬)과 관련한 외모 비교는 사람에게도 말에게도 서로 유감일 수밖에 없다. 보통 얼굴의 생김새가 세로로 긴 사람을 보면 말이라는 별명을 붙여주는데, 난 이게 굉장히 잘못됐다고 생각한다.

그래서 반론을 제기하고 싶을 때가 한두 번이 아니었지만, 대부분의 사람들이 허무맹랑한 소리라 생각하고 내 의견쯤은 가볍게 무시할 게 뻔해서 마음속 깊은 곳에서부터 올라오는 그 무엇을 꾸욱 눌러야 했다. 하지만 살면서 가끔은 허무맹랑한 벌거숭이가 되는 것도 나쁘지 않겠다는 생각이 들어서 한번 얘기해보겠다. 그러니 이건 허무맹랑한 이야기라는 것을 전제로 읽어주세요.

여기서 잠깐. 하고많은 동물 가운데 왜 하필 말이냐고 궁금해하는 분들이 계실 거다. 이유는 간단하다. 최근에 이 글을 쓰기 위해 본 공연에 말들이 등장했기 때문이다. 이보다 확실한 이유는 없을 거라 생각하고 단호하게 넘어가겠습니다. 지금부터 모두 눈을 살짝 치켜뜨고 상상의 말풍선 속 말의 모습을 형상화해보시길.

찬찬히 말의 얼굴을 관찰해보면 말은 얼굴이 긴 게 아니라 코가 길다는 걸 알 수 있다. 물론 코가 얼굴 안에 포함된 한 부분이라 해도, 얼굴이 길쭉한 것과 코가 길게 뻗은 건 구분해줘야 한다고 나는 생각한다.
　말의 얼굴이 길지 않다는 증거는 턱에서 앞니까지 입이 길게 나와 있는 옆모습을 봐도 알 수 있다.

말은 그저 길게 뻗은 입을 치켜세우고 있기보다는 늘 어뜨리고 있을 뿐인데, 얼굴이 길다는 건 세세함과 꼼꼼함이 떨어지는 의견이다. 그래서 나는 이제부터라도 얼굴이 길쭉한 사람에게 붙여줬던 말이라는 별명을 철회하는 게 사람과 말 모두에게 정당한 거라고 주장하고 싶다.

아마 양쪽 다 표현하지 못할 뿐 난감해하고 있는 게 분명하다. 더군다나 대부분 '못생김'에 이런 표현을 쓰니 말의 입장에선 더더욱 난감할 거다. 사람의 언어를 알아듣는 말이 한 마리라도 존재한다면 뭐라 변명하는 게 좋을까? 우물쭈물하며 진땀깨나 흘리겠지. 당연히 그런 일은 없을 거라고 생각하는 게 마음 편하겠다. 그렇다고 코가 길거나 옆에서 봤을 때 입이 길게 뻗은 사람에게 말이라는 별명을 붙여주자는 건 아니니 오해를 말아주세요.

아시겠지만 말은 참 멋진 동물이다. 지능이 뛰어나고 인간과 교감지수가 높아서 올림픽 스포츠 종목 중 유일하게 인간과 함께 달릴 수 있는 존재가 바로 말이다. 화가 나서 발길질을 할 때는 무섭지만 각설탕 한 조각으로도 행복해할 줄 아는 소박한 동물이기도 하다. 뭐니 뭐니 해도 외모가 가장 중요한 포인트인데, 못생기긴커녕

탄탄한 근육과 비율 또한 남부럽지 않다. 갈기를 휘날리며 달리는 모습은 용맹스럽기까지 하다. 사촌지간인 당나귀 또한 종종 애니메이션에 등장해 입을 벌리고 커다란 앞니를 드러내며 웃을 땐 사랑스럽기도 하죠.

문득 신화 속에 나오는 켄타우로스 정도가 이 난감한 문제에서 제일 자유로울 수도 있지 않을까, 하는 생각이 드는 건 역시나 내가 허무맹랑한 벌거숭이기 때문이겠죠. 지구에 살다 보면 인간이 주인이라고 착각해서 모든 기준을 멋대로 인간에게 맞추는 경향이 있다. 하지만 엄연히 인간도 지구에 속한 수많은 구성원 중 한 부분일 뿐이다. 말도 마찬가지고.

그런데 인간의 기준으로 말의 외모를 유감스럽게 만드는 일을 계속 유지할 필요가 있을까. 만약 말이 우리를 대상화해서 그들 중 누구에게 별명을 붙여준다면, 더군다나 놀림의 대상으로 삼고 있다면 생각만 해도 아찔하다. 말들도 그러지 않기를.

추신. 최근 가까이에서 말을 자세히 볼 수 있었습니다. 제각각 잘생기고 귀여운 녀석들뿐이더군요. **제 기준에서는 '못'생겼다라고 생각되는 말은 없었습니다.** 아마도. 그러니 다들 힘내자고요.

이런 나라도
괜찮아 보이나요?

명동, 스타벅스, 아메리카노, 무라카미 류의 에세이….
지금 내가 머물러 있는 공간이고, 지금 내가 마시고 있는 음료이며, 지금 내가 읽고 있는 책이다. 아! 뭔가 〈섹스 앤드 더 시티〉 같달까?

요즘엔 세련됨을 애기할 때 어떤 비유를 들지 모르겠지만, 내가 한창때는(이 한창때의 근거는 직업적 특성으로 백수인 날보다 아닌 날이 많았을 때, 즉 봉태규일 때보다 배우로 불리던 날 수가 많았을 때를 말함) 무조건 〈섹스 앤드 더 시티〉였다. 세련됨 혹은 도시적인, 패셔너블, 쿨, 뉴욕, 쇼윈도, 겨털… 음… 뭐 등등.

모든 걸 미국의 인기 드라마(나중에 영화화됐지만) 〈섹스 앤드 더 시티〉로 말할 때가 있었다. 워낙 인기가 많았던 이유도 있겠지만 애석하게도 우리나라에 〈섹스 앤드 더 시티〉의 세련됨에 필적할 만한 문화적 트렌드가 내 한창 때엔 없었나 보다. 그래서 미드가 끼어든 것뿐이니 오해하지는 말기를. 어쨌든 요즘엔 〈섹스 앤드 더 시티〉를 세련됨으로 비유한다면 '뭐야….' 정도의 이미 지나가버린 유행이 되었을 테니, 이것 또한 어떤 위로가 될 거라 생각합니다.

여하튼 지금의 날 표현할 적절한 비유는 이미 지나가버린 유행이라 해도 역시 〈섹스 앤드 더 시티〉다. 명동을 뉴욕에 비할 수야 없겠지만 드라마의 배경만큼이나 빠르게 돌아가는 곳이기도 하고 뉴욕만큼 땅값이 비싸며 무엇보다 관광객들이 많아 실눈을 뜨고 시야를 미친 듯이 좁히면, 몰입도에 따라 외국 어느 곳이라고 해도 좋을 만큼 이국적인 느낌을 물씬 풍긴다.

제아무리 청담동이나 가로수길이 유행의 첨단을 누리고 있지만 트렌드와 패션에 있어서 명동이 주는 고유한 존재감은 여타 지역과 비교가 안 된다. 한때 이곳은 유행의 시작이었고, 금융의 중심이었으며, 사회적으로도 중요한 발자취들이 많은 곳이었다. '이국적'이라는 지점에서 이태원을 언급하는 분들이 있을 수도 있겠지만 아차! 하며 어물쩍 넘어가겠습니다.

현재 나의 좌표로 명동을 찍었으니 이제 섭취하고 있는 먹을거리를 얘기할 차례다. 한물간 듯하나 어느 면에선 핫한 명동에 걸맞게, 아메리카의 전통 음료도 아닌 것이 너무나 미국적으로 쿨하기 그지없는 그 음료, 무려 아메리카노다. 물론 여기에 시럽을 섞는 달콤한 짓은 하지 않는 게 좋다. 그건 마치 메시가 레알 마드리드 유니폼을 입고 뛰는 것과 같다. 물론 에스프레소에 물 탄 거라 따진다면 할 말이 없지만 맛이 극명하게 달라지는 시럽과의 비교는 무리가 있으니 이해해주길. 추천으로는 '샷 추가'가 있겠다.

그리고 현재의 나를 가장 잘 설명해줄 물건은 역시 책이다. 작가는 무라카미 류…. 뭔가 북적대는 도시에 어느 카페에서 행하기에는 더할 나위 없이 세련되어 보인다. 더군다나 소설이 아닌 에세이를 읽음으로써 혹시 나를 힐끔대며 스캔하는 사람들에게 어떤 여유와 빈틈을 준달까? 마치 〈섹스 앤드 더 시티〉에서 캐리가 완벽한 것 같지만 항상 사랑엔 실패하거나 쉬워 보이는 모습 때문에 더 매력적으로 보였던 것처럼. 난 나대로 에세이를 읽음으로써 언뜻 나의 매력을 보여주는 것이다. 무라카미 류의 에세이라니….

거기에 베이지색 치노 팬츠에 롤업을 두 번 해서 발목을 살짝 드러낸다. 여기서 포인트는 너무 반듯하게 롤업을 하면 안 된다는 것이다. 무심한 듯 둘둘 말아 올리는 느낌이 적당하다. 멋을 위해 롤업을 한 게 아니라 단순히 바지가 너무 긴 게 귀찮아 걷어 올렸다는 느낌이랄까. 감각은 타고나는 것일 뿐 패션에 공들여 신경 쓰지 않아요, 라는 양 무심한 듯한 매만짐 정도만 시전하자.

상의는 연두색 스트라이프 티셔츠라 밋밋할 거 같지만 유넥(U-neck, U자형 네크라인)이라 쇄골이 남자 옷답지 않게 노출이 많이 되어 조금의 야함을 더하고 있으며, 신발은 맨발에 네이비 컬러 반스를 신고 있는데 이게 또 적당히 낡아 있어야 한다.

그래야 '난 정갈하지만 형식에 얽매이지 않는다.'를 어필할 수 있을 테니….

마지막으로 에코백을 의자가 아닌 테이블 위에 아무렇게나 올려놓는다. 그렇게 허세에 물들어 있는 건 아니라는 소박함과 어쩌면 나란 남자는 세상의 환경까지 고려하고 삶을 살아갈 수도 있다는 기대감과 상상력을 자연스럽게 부추기고 있다.

하지만 반듯하기만 하면 재미가 없다. 그럴 때 슬쩍 어떤 물건을 찾는 척하며, 자연스럽게 가방에 프린트되어 있는 라스베이거스의 지도를 노출한다. 그 순간! 이 남자… '겉은 베이직한 아이템으로 자신을 가리고 있지만 역시 속은 어떤 욕망으로 들끓고 있구나….'라는 상상력까지 덤으로 안겨준다.

지금 시각은 1시다…. 직장인들에겐 점심시간이란 이름으로 불린다. 나는…? 훗! 난 자유인이라 이 시간에 어떠한 이름을 붙여도 상관없다.

느지막히 일어나 시리얼과 과일로 허기를 달랜 지 한 시간 남짓, 타인에겐 점심일지 몰라도 내겐 아직 오전이다. 또는 일찍 잠이 깨버려 희부염한 새벽 공기를 누리며 조깅과 아침 식사와 개 산책까지 마치고, 글 작업을 위해 카페에 나온 얼리버드라면 하루의 절반을 야무지게 보내고 여유로운 후반전을 맞고 있을 것이다. 이것 또한 '섹스 앤드 더 시티스러움'의 정점이라 하겠다. 바쁘게 돌아가는 도시 안에서 역주행을 시도하는 반골 기질까지 갖추고 있다니.

이런 나에게 굳이 직업란에 어떠한 명칭을 넣기 원한다면 프리랜서가 적당하겠다.

어디에도 소속되어 있지 않은 자유인에게 가장 잘 어울리는 직업. 자칫 백수라는 오해를 불러올 수도 있겠지만 그건 어디까지나 타인들의 잣대일 뿐 내가 신경 쓸 이유는 없다.

자, 어떤가? 지금의 난 직업조차도 세련됨이 뚝뚝 묻어난다. 자본주의 사회에서 직업마저 뛰어넘을 수 있다는 거, 이거야말로 항상 새로움이 샘솟는 이 도시에 가장 어울리는 세련됨이라 하겠다. 지금 나에겐 여자 친구까지 있다. 이런! 연애마저 완성되어 있는 나…. 아, 난 이로써 〈섹스 앤드 더 시티〉마저 넘어서버렸구나…. "내가 부러운가?"라고 질문을 던진다면, 이건 너무 오만한 거겠지? 그렇지만 난 누군가에게 부러움을 사기 위해 그런 건 아니다.

수식어나 타이틀이 뭐 그리 중요하겠나. 지금 나는 여기서 이렇게 존재하고 있다는 사실, 그것이 나를 설명하는 가장 확실한 수식이다.

공간과 책과 커피와 패션을 언급했지만 그런 장치들은 나를 꾸밀 뿐 나의 내면을 보여주는 거울은 아니다. 겉으로 보이는 것에서 추측하고 예상하는 일은 재미있다. 그러나 그 이면은 알 수 없는 법, 즐겁게 상상하되 지나친 단정은 자칫 오해와 상처를 남기기도 한다. 그러니까 아메리카노와 에코백은 어울리지 않는다며 왜 텀블러를 사용하지 않느냐고 꾸짖으시면 섭섭합니다. 텀블러를 간혹 까먹기도 하니까요.

남들은 커피 한 잔을 손에 들고 종종걸음으로 회사로 돌아가는 시간에 명동 한 복판의 카페에서 에세이를 펼쳐 든 내 모습에선 이렇게 다양한 예측이 가능하지만 사실 나는 그저 시간이 아주 많이 남아서 이러고 있는 것이다. 그래서 놀고 있을 뿐이다. 지금 또한 이렇게 놀고 있다. 그래. 그냥 놀고 있을 뿐이다. 어쩌면 앞으로도.

… 어떠신지? 지금도 제가 부러운가요?

공연을 볼 때
내가 다르게 보는
어떤 것들

요즘 나는 매달 글을 쓰기 위해서 공연을 많이 본다. 아직 서툰 글쓴이라서 여러 편을 봐야 겨우 하나의 영감을 얻게 되는데, 내가 원한다고 공연을 다 볼 순 없으니까. 대개 인기가 많은 작품을 보러 가거나 그 시기에 화제가 되는 작품을 보게 된다. 물론 작품 규모와 상관없이 담당 기자가 개인적으로 추천을 해줄 때도 있다. 그런데 기자님께서 요 근래엔 상당히 난감한 작품만 추천해주시던데… 분발해주세요!

뜻하지 않게 공연을 보는 게 어느새 내 일상의 한 부분으로 자리 잡게 되면서 그 전엔 미처 발견하지 못했던 것들이 눈과 귀에 들어오기 시작했다. 그래서 이번엔 작품에 대한 얘기가 아닌 공연을 보면서 내가 개인적으로 좋아했던 어떤 것들에 대해서 얘기해보겠다. 지면 관계상 다는 아니고 몇 가지만, 이를테면 특집 에세이 정도로 봐주시면 감사하겠습니다. 영감을 못 받아서가 아니라고요! 그럼 시작!

    우선 난 공연 시작 전 관객들의 들뜬 웅성거림을 좋아한다. 자리에 앉아 여기저기서 이런저런 얘기를 하는 다양한 소리를 가만히 듣고 있으면 **교복을 입고 교실에 앉아 있는 십대의 내가 된 것 같은 묘한 기분**이 들 때가 종종 있다. 특히 소극장은 그때의 향수를 떠올리기에 가장 알맞은 공간이 아닌가 싶다.
    일단 작고 소박한 공간감이 마음의 문턱을 내려앉힌다. 내 자리가 어디더라 찾아보다가 번호를 발견하고 조심조심 걷는다. 피해가 될까 봐 어깨를 좁히면서 자리를 찾아가다 보면 이 작은 공간에 모여 앉은 것 자체로 친밀감이 형성되면서 방해하지 않기 위해 조심하게 된다. 무릎이 부딪히거나 발끝이 닿지 않도록 하지만 공연이 어느 정도 진행되다 보면 나도 모르게 무심해진다. 그러다가 발끝으로 앞자리라도 톡, 건드리면 나도 모르게 아차, 하고 움츠러들지만 누구 하나 정색하고 눈을 흘기지 않는다. 소극장의 친밀감이란 그런 것이다.

대극장 공연은 강당을 연상하게 한다. 일단 소음이 잠들기까지 시간이 걸린다. 장내 정숙을 요청하는 안내 멘트도 여러 차례 반복적으로 방송된다. 그렇게 꽤나 끈덕지게 장내가 정리되고 나면 실내는 격식을 갖추게 된다. 엄숙한 공기 속에서 공연이 시작되고, 웅장한 울림이 장내에 퍼진다.

강당에 전교생이 모일 때는 주로 입학식이나 졸업식, 학생들이 동원되어야 하는 학교 행사가 열릴 때다. 학생들이 모두 들어오려면 시간이 걸리기 때문에 한동안 소란하다. 그렇게 점점 학생들이 도열한 뒤에 강당 뒷문에는 선생님들 또는 관리감독관들이 서서 문을 지킨다. 들어오는 사람도 찍히고, 나가는 사람도 찍힌다. 때문에 모두 자리에 위치한 다음에는 원하든 원치 않았든 순종적으로 자리를 지키게 된다. 소음은 싹 정리되고 교장 선생님의 '말씀'이 시작된다.

여성 관객이 많은 공연의 특성상 어떤 땐 여학교에 혼자 떨어져 있는 기분이 들기도 하는데, 그럴 땐 남자 중학교와 고등학교를 나온 내가 남녀공학에 다녔으면 이랬을까 하는 상상력을 발휘하게 된다.

공연 시작을 알리는 안내 멘트와 함께 무대에 막이 오르면 조글조글 소란하던 실내가 마치 진공청소기로 소음을 빨아들인 듯 일순 고요해진다. 오케스트라 공연의 경우 현악주자들은 활 가다듬기를 멈추고 허리를 곧추세운다. 타악기 주자들은 정면의 음악감독을 응시하며 묵직하게 자리를 잡는다. 뮤지컬 무대는 보다 화려하다. 무대 아래에 음악감독의 지휘봉에 단원들의 시선이 온통 쏠린다.

공연에 따라 어떤 날은 한 순간도 놓치고 싶지 않기도 하고, 어떤 날은 살짝 지루한 감이 들면서 잡념이 비집고 들어오기도 한다. 과목에 따라 흥미로운 시간이 있고, 졸음이 쏟아지는 과목이 있는 것처럼 말이다.

공연 시작과 동시에 객석이 조용해지는 건 선생님이 들어왔을 때의 긴장감과 겹쳐지고, 앞에서 지휘하는 음악감독은 학급 반장의 모습을 떠올리게도 한다. 그리고 지루한 공연은 아침 조회 시간의 교장 선생님의 훈화 말씀과 연결해 생각하는 사람은 아마도 나 혼자겠죠?

내가 좋아하는 좌석 중 하나는 예술의 전당 소극장 이층 사이드 자리다. 아마 '별로 좋지도 않은 좌석을 왜?' 하고 반문하는 사람들이 있을 텐데, 이유가 있다. 어느 날 예술의 전당 소극장에서 공연을 보는데 장면이 넘어가는 찰나에 시선이 이층 객석으로 향했다. 그날 나는 아주 많이 피곤해서 뭐랄까, 의자에 기대는 것 말고 다른 무엇인가 날 편하게 해줬으면 하는 마음이 간절했다. 그렇게 끙끙대고 있을 때 이층 객석이 눈에 들어왔다.

난간으로 보이는 곳에 팔을 대고 턱을 괸 채 공연을 볼 수 있다니. 그러고 보니 예전에 세종문화회관 엠시어터 이층 사이드 좌석에 앉아 정면에서 보는 것과는 전혀 다른 시야로 공연의 새로운 구석구석을 보면서 굉장히 즐거워했던 기억이 난다. 그런 좌석은 잘생기거나 예쁘진 않지만 확실한 매력이 한 가지쯤 분명하게 있는 사람이라고 비유하는 게 어울리겠다. 제 얘기라고 오해하시겠지만, 아닙니다.

한참을 쓰다 보니 이만큼인데 어떠신지?
나라는 인간은 워낙 엉뚱한 걸 생각하기를 즐기지만 그렇지 않더라도 여러분도 공연을 보면서 한 번쯤은 '으음' 하며 뚱딴지 같은 생각에 빠져보시길. 그러면 공연을 보는 또 다른 잔재미가 하나쯤 추가될 거라 생각한다.

노 모어 근육맨,
나만 그런가요?

대중목욕탕에 가본 지가 꽤 오래된 거 같다. 예전엔 따뜻한 물에 몸을 데우는 걸 무척이나 좋아라 해 종종 가곤 했었는데, 요즘엔 집에 욕조도 있겠다 간단하게 보일러 버튼을 눌러 목욕으로 설정하면 따뜻한 물도 콸콸 나오니 굳이 대중목욕탕을 이용해야겠다는 생각은 좀처럼 들지 않는다.

그래도 휴일 날 집에 있는 욕조와는 비교도 되지 않는 넓은 탕에 실오라기 하나 걸치지 않은 남자들이 북적대며 같이 목욕을 하고 있는 풍경은 장관이구나 싶다. 사실 살면서 주위를 전혀 의식하지 않은 발가벗은 남자들을 그렇게나 많이 한꺼번에 본다는 건 쉬운 일이 아니니깐 말이다. 뭐 그렇다고 해도 자주 보고 싶거나 눈이 번쩍 뜨인다는 말은 아닙니다. 그저 모두들 아무렇지 않게 맨 몸을 한 장소에서 드러내놓고 있다는 게 가끔 신기하기는 합니다.

　사람이 많은 휴일엔 탕 안에도 사람들이 북적이기 때문에 시선을 이리저리 돌려가며 누군가와 눈이 마주치기를 완강히 거절한다. 왜인지 모르겠지만 실오라기 하나 걸치지 않은 내 모습은 괜찮지만 나와 같은 탕 안에 있는 누군가와 시선이 마주치는 건 괜스레 민망하다. 이건 참 말로 설명하기 어려운 부분이다. 천장을 보기도 하고 이쪽저쪽 사뭇 고개를 돌려가며 경계를 늦추지 않고 이곳저곳을 살핀다. 그러다 문득 성인 남자의 몸은 참으로 다양한 모습을 하고 있구나 싶었다.

　나이와는 상관없이 삐쩍 마른 사람도 있고, 뚱뚱한 사람도 있으며, 배는 나왔지만 팔다리가 가느다란 사람, 몸에 근육이 많은 건 아니지만 굉장히 균형 잡힌 몸을 가지고 있는 사람 등등 열거하자면 한도 끝도 없을 정도로 저마다 다양한 몸을 지니고 있었다.

　뜨거운 탕 안에 자리 잡고 앉아 그런 다양한 남자들을 지켜보고 있자니 뭔가 보기에 좋았다. '역시 사회란 다양성을 인정해야 옳은 방향으로 나아가고 있는 거지.'라며 획일화되어 가고 있는 지금의 시대에 나름의 일침을 속으로 놓기도 했다.

요즘엔 어디에서건 재단하길 좋아해서인지 몸짱이라는 수식어를 붙여 어떤 기준을 들이대고 마치 그게 좋은 몸이며 이런 몸이 아니라면 곤란하다는 식의 얘기를 아무렇지 않게 하는데 그게 난 영 보기에 불편했다. 우리가 주로 즐겨 먹는 소나 돼지에게 등급을 매기는 것도 마치 인간이 지구의 절대자인양 행동하는 거 같아 불편했는데 같은 종족인 사람에게까지 그러한 기준을 제시한다는 건 정말 옳지 않다고 생각한다.

만약 대중목욕탕에 갔는데 그곳에 있는 모든 남자들이 영화 〈300〉에 나오는 스파르타의 시민들처럼 근육질을 자랑하는 남자들로만 가득했다면, 물론 그 모습 또한 진기한 풍경이라 여겼을지 모르겠지만 보기에 좋다고는 생각하지 못했을 것이다. 어쩌면 그 뜨거운 탕 안에서 오랜 시간동안 나오지 못했을 수도 있겠다. 멀뚱히 목만 내놓고 있다가 누군가와 눈이라도 마주치려 한다면 물 안으로 수없이 잠수를 반복했을 거 같다. 아… 생각만 해도 가고 싶지 않은 목욕탕이군요.

이렇게 생각해보면 미디어에서 말하는 것처럼 모두들 엄청난 몸을 소유할 필요는 없는 거 같다. 이런 저런 다양한 사람들이 두루두루 섞여서 최대한 다양한 모습을 유지하는 게 오히려 더 바람직하지 않을까?

만약에 가정을 해서 근육질 사내들이 주류를 이루는 사회가 현실로 존재한다면 어떨까?

오로지 근육만이 지배하는 사회. 모든 사회적인 지위와 부가 어떤 몸을 가졌느냐에 따라 결정되는 말 그대로 몸이 전부인 사회 말이다. 그렇다면 그 외에 기타 등등의 몸을 지닌 남자들은 어떻게 될까?

가장 먼저 드는 생각은 기타 등등의 몸을 지닌 나 같은 남자는 의무적으로 매일 프로틴을 먹게 될 거 같다. 다양한 보충제를 섭취함으로써 이제 곧 나도 신분상승과 주류 안에 속할 수도 있다는 의지를 활활 불태울 것이다.

사회기관들도 앞장서서 지원을 아끼지 않을 것이다. 복지기관에서는 다양한 맛의 닭가슴살을 정기적으로 배달해주며 그에 따라 일정한 기간에 근육량을 체크해서 목표치에 도달할 수 있도록 도울 것이다. 하지만 정기적인 검진을 통해서 사회가 기준으로 제시한 어떤 기준치를 통과하지 못한다면 벌점을 부과해 벌금을 내야 하는 식으로.

지금은 몇몇 국가에서만 부과하고 있는 비만세를 기업뿐만이 아니라 개인에게도 적용해, 근육이 많은 사내들보다 훨씬 더 많은 세금을 내야 한다.

체지방 지수가 높은 남자들은 자동차를 구매할 수 없게 해 강제적으로 도보를 하게 하는 방안은 어떨까. 자전거로 일상생활을 하게 해 유산소 운동을 자발적으로 할 수밖에 없는 법을 도입할 수도 있겠다. 물론 대중교통 이용에도 불이익 따른다.

나 같이 마른 몸을 가진 남자들은 지방량을 늘려야 근육량을 늘릴 수 있기에 고열량 식사를 매일 해야 하며 하루에 소비하는 열량을 제한하고자 자택 근무를 하게 한다든지 사무직에 종사할 수 있도록 사회가 나서서 직업을 알선해 줄 수도 있겠다. 막상 이렇게 말하고 보니 꽤 괜찮은 구석도 있겠구나, 하고 묘하게 설득되는 지점이 분명하게 존재하기도 하는군요. 뭔가 복지국가 같기도 하고.

태어날 때부터 다양성을 부여받은 몸이기에 그 몸을 어떻게 활용하고, 도구화하는가는 개인의 몫이다. 물론 눈 부릅뜨고 탐색하진 않지만요. **목욕하는 남자들의 몸을 보면 그들이 자신의 몸을 어떻게 쓰고 있는지가 보인다.** 마른 몸에 배는 불룩하고 몸에 비해 양팔에 유독 근육이 붙어 있는 몸은 무거운 것을 들거나 다루면서 살아온 사람일 것이다.

왼쪽 어깨가 올라가 있고 목이 거북목처럼 일자형인 경우 사무직일 가능성이 농후하다. 한쪽에 가방을 메고 출퇴근해서 야근에 시달리는 샐러리맨들에게서 많이 봤던 몸이다. 살이 많고 몸집이 크다고 해서 무난하고 무덤덤한 것은 아니다. 자신의 목욕 용품에 예민하게 굴고 옆 사람을 내외해가며 몸을 말리는 쪽은 오히려 살집이 있고 덩치가 큰 사람이 더 많을 수도 있다. 나만 해도 몸이 말라서 까다롭고 예민할 것이라고 생각하는데 의외로 남 신경 안 쓰고 느긋하게 목욕을 즐기는 편이다.

21세기에 바람직한 근육질의 몸 따위가 존재할 리가 없는데도 사람들은 저마다 이상적인 신체를 설정해놓고 근육을 만든다. 자신의 체질이나 고유한 이미지는 전혀 고려하지 않은 채 어떤 기준을 정해놓고 이렇지 않으면 곤란하다고 말하는 게 과연 맞는 걸까? '이왕이면 다홍치마'라는 속담은 개성을 망치면서까지 자신과 어울리지 않는 다홍치마를 입자는 얘기는 아닐 거다.

이런 이유로 누군가 나의 몸을 제도적으로 규격화한다는 건 상상만으로도 아찔하다.

내가 앞으로 대중목욕탕을 언제 또 이용하게 될지 모르겠지만 근육질의 사내들뿐만 아니라 기타 등등의 다양한 사람들이 아무렇지 않게 대충 섞여 있었으면 좋겠다. 그래야 아무 긴장감 없이 모두들 축 늘어질 수 있을 거 같다.

확실히 모두들 근육질일 필요는 없습니다. 정말로.

나무 씨

　요즘 날씨를 보고 있자면 기분이 좋아진다. 해는 쨍쨍하지만 그리 뜨겁지는 않고, 저녁에는 쌀쌀하지 않은 기분 좋을 만큼의 바람이 불어준다. 누군가는 계절의 경계가 모호해졌다고 불평을 늘어놓을지도 모르지만 난 이렇게 경계에 놓인 요즘 날씨가 참으로 좋다. 뭐랄까, 여름과 가을 사이에 놓여 있는 기분이랄까.
　마치 여름 다음은 당연히 가을이지만 그 사이에 괄호하고 공간이 있는 그런 느낌입니다. 당연히 괄호 안의 공간은 퀴즈가 아니고요. 그래서인지 거리에 있는 나무들도 제각각 지금의 날씨를 대하는 태도가 다른 것 같다. 아니 어쩌면 헷갈리고 있는 것 같다고나 할까. 똑같이 거리에 심어진 나무들이라도 어떤 나무는 벌써 가을이 왔다고 생각하는지 잎이 물들었지만 바로 옆의 다른 나무는 여름날 그대로의 모습으로 자리를 지키고 있다.

정해진 이치대로 계절이 순환한다지만 그 모습을 가만히 들여다보면 이렇게 제각각 각자의 농도와 깊이로 생의 나이테를 만들어가는 것이다. 이파리가 두껍고 넓은 나무들은 저장된 수분을 끌어 쓸 때까지 늦여름을 만끽할 테고, 조물조물 작은 이파리의 은행나무는 열매를 영그느라 힘이 든 나머지 서둘러 노란 옷을 갈아입고 가을을 맞겠지.

난 가을을 벌써 맞이한 나무에게 다가가 "이런, 자네 너무 성급한 거 아냐? 벌써 그렇게 물들어버리면 어떡하나. 지금은 우선 즐기라고. 그래도 늦지 않을 테니."라며 잘난 척을 해주었다. 물론 내 얘기에 대답을 해줄 리 없지만 그냥은 못 지나치는 성미인지라 굳이 나무 씨의 두툼한 옆구리까지 토닥이며 말해주었다. 물론 기분 나쁠 수도 있으므로 '후후' 따위의 웃음으로 마무리하진 않았습니다.

그러다 문득 '계절에 민감한 정도를 따지자면 인간인 나보다는 식물들이 훨씬 예민하지 않을까?'라는 생각을 하게 되었다. 나야 사는 게 바쁘다는 핑계로 하루가 어떻게 흘러갔는지 종종 모르게 지나칠 때도 많고 날짜를 확인하다 시간이 훌쩍 흘러버린 걸 보고는 화들짝 놀라는 경우도 꽤 있으니 말이다. 하지만 수년간을 같은 곳에 있는 나무들은 날마다 실내가 아닌 밖에서 계절과 정면으로 마주하고 있는 것이다.

한 알의 씨앗이 스스로 움트고 땅에 붙박고 서면, 그 순간부터 홀로 한 평생을 살아야 한다. 바람과 햇빛과 물 어느 한 가지도 제 스스로 선택할 수 없다. 심지어 비바람 좀 피하겠다고 얼굴을 한 번 돌릴 수가 있나, 햇살이 뜨거워도 등허리 긁어줄 이가 있나.

그렇게 살아가면서 인간에게 계절을 알리고, 새들에게 비를 피하게 해주고, 땅 짐승에겐 열매를 준다.

아차! 싶었다. 겨우 지금의 예민한 모습만을 보고 나무 씨에게 훈계하다니…. 한 바퀴 두 바퀴 나이테를 그려가는 나무의 생애를 두고 고작 환절기만으로 단정하는 건 있을 수 없는 일이었다. 갑자기 내가 부끄러워지면서 다시 나무 씨를 바라보았다. 역시나 아무 말 없이 그곳에 서 있었다. 어떤 얘기를 꺼낼까 한참을 고민하다 편의점에 가 생수를 한 병 사 와서 그 나무에게 뿌려주었다. 딱히 내가 사과라고 할 수 있는 게 그것밖에 없어 더 미안했지만 그래도 짧은 내 생각으로는 그게 최선의 방법 같았다.

한 통의 물을 남김없이 나무에 뿌려주고 나서야 우리 집 정수기를 정기 점검해주시는 분의 말이 떠올랐다. 정수기 점검을 위해선 그동안 수조에 저장돼 있던 정수를 큰 양동이에 다 덜어내야 한다. 그걸 그냥 버리자니 아까워 양동이에 한가득 담긴 물을 화분에 주기 시작했다. 그런데 정수기 점검해주시는 분의 얘기가 '사람이 마시기 위해 정수가 된 물은 미생물들이 다 사라져 식물에겐 소용이 없다'는 거였다.

편의점에 팔고 있는 물도 결국 인간이 마시기 위해 정수한 물일 텐데 그걸 잊고 사과랍시고 나무 씨에게 준 것이다. 지금 다시 돌이켜봐도 나무 씨가 당황해했을 걸 생각하니 정말 미안하다. 판단이 짧았던 것을 사과한답시고 섣부른 행동을 했으니, 실수에 실수를 연발한 셈이다.

한 그루의 나무에게도 이렇게 착각의 오류가 심한데, 인간에게는 오죽할까 하는 생각이 들었다. **사람의 관계에도 환절기라는 게 있지 않을까.**

각자 감정을 표현하고 생각을 수습하는 방식이 차이가 있을 텐데, 뜻대로 되지 않는다고 조급하거나 섣부른 판단을 해서 관계가 꼬이는 경우가 있다. 인간관계의 환절기가 찾아올 때 시간을 두고 기다려줄 줄 아는 아량은 언제쯤 갖추게 될까. 나무 같은 사람이 되는 것은 노력이 필요한 일이겠군요.

　인간관계도 외부의 오해와 억측으로 인해 둘 사이가 갈라지는 경우가 있듯, 나무 씨의 환절기도 환경오염으로 인한 변화요인이 클 거라는 생각이 들었다. 예년에 비해 날씨가 따뜻해져서 혼란스럽지 않았을까.

　어쩌면 서두에 말했던 계절과 계절 사이의 공간, 즉 내가 생각하는 그 경계는 사실 나무 씨와 같은 식물들에게는 굉장히 헷갈리는 상황에 놓이게 되는 것일 수도 있다.

　나는 TV나 인터넷 뉴스를 통해 이런저런 환경 변화에 대해서 원하지 않더라도 손쉽게 정보를 접할 수 있다. 하지만 나무 씨와 같은 식물들은 그러한 변화에 대해 온몸으로 하는 경험을 통해서 알 수밖에 없다. 매년 이러저러한 상황 때문에 계절의 변화는 변화무쌍하다. 일 년 전의 경험이 현재는 아무런 도움이 되지 못할 수도 있다.
　이렇게 생각하고 보니 지금의 기분 좋은 날씨가 그들에게는 너무나 다른 경험으로 받아들여질 것 같다. 나무 씨가 성급해서 잎의 색을 달리한 게 아니라 일 년 전의 경험이 지금과 달라 어쩌면 스스로도 당황하고 있는 것일 수도 있겠다는 생각을 하게 되었다.

그런 생각에 다다르고 나니 더욱더 미안한 마음이 커졌다.

여전히 난 경계에 놓여 있는 지금의 날씨가 좋다. 그렇지만 길 곳곳에 자리를 지키고 있는 나무들도 신경이 쓰인다. 온전히 좋아하다가도 '이런, 너무 들뜨면 안 되지.' 하며 애써 마음을 다스리기도 한다. 그렇다고 무언가가 크게 달라지거나 지금 내가 얘기하고 있는 것들에 확신이 있는 것도 아니지만 어쨌든 난 요즘 그러고 있다. 그래도 길가에 당연한 듯 서 있는 나무 씨의 마음을 한번쯤은 헤아려본다는 것….

다른 누군가도 꼭 필요하지 않을까 싶다. 우리는 수많은 그들과 함께 살고 있는 거니까…. 지금쯤 내가 만난 나무 씨는 다시금 치열한 경험을 온몸으로 받아들이며 우리가 알고 있는 그 모습 그대로 그곳에 서 있을 것이다. 어쩌면 이제야 지금의 날씨를 맘껏 느끼고 있을지도 모르고. 내년 이맘때 다시 찾아가서 그 두툼한 옆구리를 다시 토닥여줘야겠다.

수고했다고….

그날… 그리고 그날

2010년 8월 8일 일요일 오전쯤이었던 걸로 기억한다. 전날부터 새벽까지 가까이 사는 친구 집에서 이런저런 얘기를 하면서 웃고 떠들다 뒤늦게 그곳에서 잠이 들었다. 너무 늦게 잠이 들어 깨어날 엄두를 내지 못하고 있는 나를 끊이지 않고 울리는 휴대폰 벨소리가 억지로 일으켜 세웠다. 무의식을 파고드는 반복적인 벨소리에 깨어 발신을 확인해보니, 엄마였다.

간밤의 담배와 커피로 혹사당한 편도선 저 너머로 겨우 목소리가 튀어나왔다.

"여보세요?"

그런 나와는 달리 느리고 꺼칠한 내 음성을 확인한 엄마 목소리는 다급하게 떨리고 있었다.

이미 어느 정도의 흐느낌을 흘려보낸 뒤였다. 잠이 덜 깬 내 귀에 한바탕 울음을 쏟아내 진이 빠진 채 가늘게 떨리는 엄마의 목소리가 닿았다.

"아버지가 돌아가신 거 같아."

응? 이건 무슨 소리지? '돌아가신' 게 아니라 '같아'라니? 그때부터 이상하리만치 차분해졌던 거 같다. 엄마는 내 목소리를 확인한 뒤에 평상심을 잃고 다시 흐느끼기 시작했다. 흐느낌을 달래며 직접 목격한 사실인지 물었다. 우선 그건 아니라는 말에 살짝 안도의 한숨을 내쉬었고 어디서 듣게 된 건지 물었다.

슬픔이나 놀라움을 느낄 새도 없이 내 머릿속에는 강박적으로 이성적이어야 한다는 당위가 작동하고 있었다. 엄청난 일이 발생했고 아버지에 관한 일이며 나는 아버지를 대신할 집안의 유일한 남자라는 사실이 내 정신을 퍼뜩 들게 했다.

누구에게 들은 거냐고 묻는 내 목소리는 낮았지만 어조는 누구에게랄 것 없이 세차게 밀어붙이는 투였다. '아버지가 돌아가신 것 같다'는 말은 예측에서 끝나야 했다. 함께 등산 갔던 일행에게 전화를 받았다는 엄마에게 확인되지 않은 추측이니 침착할 것을 당부하고 전화를 끊었다.

그제야 내가 머물러 있던 공간이 눈에 들어왔다. 같이 있던 친구들이 걱정하는 눈길로 무슨 일이냐고 물었다. 나도 모르게 헛웃음이 나왔다. 그리곤 엄마가 했던 말을 그대로 옮기고 있었다.

"우리 아버지가 돌아가신 거 같다는데…."

돌이켜보면 난 차분해진 게 아니었던 것 같다. 그저 현실에서 일어난 사실을 받아들이고 싶지 않아 외면했던 것이다. 어쩌면 아직까지도 그날의 사실을 받아들이지 못하고 있는 것도 같다. 그렇게 외면하고 나니 모든 게 차가워지는 걸 알았다. 그러면서 내 모든 감각이 둔해져갔다. 강제로 마음 구석구석을 구속해놓으니 감정이 터져 나올 틈이 생기지 않게 되었다.

그리고 어머니에게서 두 번째 전화가 걸려왔다. 조금은 진정된 목소리로 돌아가신 건 아닌 듯 하고 크게 다치신 거 같다고, 지금 119 구조대가 와서 근처 병원으로 가고 있으니 누나들에게 연락해 얼른 그리로 오라는 말씀을 하셨다.

'다행이다.'라는 생각을 할 겨를도 없이 누나들에게 전화를 하고 급히 만났다. 나와 누나들이 있던 곳에서 병원까지는 거리가 있었기 때문에 차를 타고 가는 동안 지금까지의 상황을 설명하고 큰일은 아닐 거라는 당부도 잊지 않았다. 그렇게 갈 길을 재촉하는 나에게 휴대폰으로 전화가 걸려왔다. 발신을 확인해보니 모르는 번호였다. 그때 스스로 구속시켜놓았던 직감이 나도 모르게 새어 나오는 걸 느꼈다.

통제구역을 벗어나버린 헛웃음이, 눈물을 막아내느라 가까스로 지켜내던 마지노선을 넘어 비실비실 새어 나왔다. 웃음인지 울음인지 모를 의성어를 누른 채 휴대폰의 통화 버튼을 눌렀다. 전화 속 목소리가 내 이름을 확인한다. 그러고는 운전을 하고 있는지 묻는다. 순간 아니라고 대답하는 나에게 자문한다, 지금 운전 중이지 않으냐고…. 나는 더 단호하게 대답한다.

"아니오. 운전하고 있지 않습니다. 괜찮습니다."

상대방이 못 듣기라도 한 것처럼 재차 또박또박 대답을 했다. "괜찮습니다…." 내 아버지에 관한 얘기일 것이므로, 지체하지 않고 들어야 했으므로. 지금 단호하지 않

개별적 자아

으면 전화를 걸어온 그의 대답을 넘겨받지 못할 것 같았으므로.

그는 살짝 뜸을 들인 후 내 아버지의 성함을 말하고, 아들임을 확인한다. 그리곤 내가 감당할 수 없는 거대한 현실과 사실을 넘겨준다. 전화 속 목소리는 내게 날짜와 시간을 천천히 알려줬다. 아버지의 사망시각이었다. 네… 네… (연신) 대답을 하고 전화를 끊는다. 같이 차에 타고 있던 식구들에게 내가 넘겨받은 걸 나누어준다. 하나씩. 하나씩.

숫자와 사실의 나열을 우리 형제들이 얼마만큼 나누게 됐는지는 알지 못한다. 분명한 사실 하나는 이거다. 말하는 나, 전해 듣는 누나들이나 우리 중 누구도 그 사실을 감당할 자신이 없었다는 것.

그저 나는 말하고, 누나들은 들을 뿐이었다. 슬픔은 그날 이후 천천히 오래도록, 산이 무너지듯 무섭고 또 무겁게 북받쳐 터져 나왔다.

병원에 도착하고 내가 대표로 시신을 확인한다. 보호자라는 이름으로. 산에서 떨어지시면서 실족하셨고 직접적인 사망 원인까지 상세히 듣는다. 이 모든 과정이 내 상태와는 무관하게 빠르고 정확하게 진행되었다. 그때는 그게 참 잔인하다고 생각했다. 그렇게 너무나 잔인하고

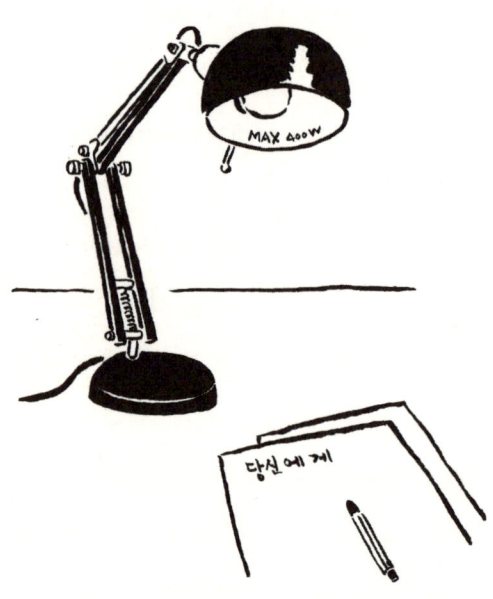

힘들었던 '당연한' 절차를 거치고 장례식을 치렀다.

　많은 분들이 오셨고 모두들 우리 가족과 같은 마음으로 슬퍼해주셨다. 그때까지도 나는 현실에서 1센티미터쯤 떨어져 있었던 거 같다. 다른 사람들은 눈치 채지 못할 정도로 미세하게 내 양발이 공중에 떠 있었다고나 할까…. 분명 나에게 일어난 사실은 맞는데 현실은 아닌 거 같은 기분이 계속 들었다. 그런 묘한 경계에 서 있던 나는 아버지의 유해를 고향에 모셔다드리고 서류절차를 하나씩 밟아갔다.

　다 마무리됐다고 생각했을 때 뜻하지 않은 마지막 절차가 남아 있었다. 사고사로 돌아가셨기에 관할 경찰서에 가서 조사를 받아야 했다. 아버지가 생전에 마지막으로 머물렀던 그곳으로 큰누나와 동행했다. 우리 사건의 담당 형사를 만나고, 경위를 듣고, 내가 준비한 서류를 드리고, 그렇게 조사를 마쳤다. 그렇게 현실에서 아버지의 존재를 마지막으로 정리했다.

　시간이 흘렀다.
　흐르는 시간만큼 아버지의 이름도 바뀌어갔다.

　이제는 내가 아버지가 된다. 시작이다.

무엇이 '좋은'일지는 모르겠지만…

'좋은 아버지가 되고 싶다'는 생각을 요즘에 참 많이 한다. 어떻게 하면 '세상에서 제일 멋진 아버지가 될 수 있을까?' 하고 하루에도 몇 번씩 깊은 생각에 잠기곤 한다. 그러다 최근에 나보다 먼저 아버지가 된 친척 형을 만났다. 현재 네 살이 된 아들을 둔 아버지로서 나름 성실하고 본인의 가정에 충실한 타입이라 나는 멋대로 은근한 기대감을 가지고 만났다.

형은 아들과 함께 약속 장소에 나왔다. 예비 아빠로서 온통 내 신경과 관심은 형의 아들에게 향했다. 형의 아들은 또래보다 훨씬 어른스러워 보였으며 식당에서 밥을 먹는 것이 어색하지 않은지 내 조카들과는 다르게 어린이 의자에 긴 시간 몸을 맡기고 있었다. 그 모습이 하도 의젓해서 어린 아이인데도 나이가 한참이나 많은 나보다도 훨씬 더 어른스러워 보였다.

무엇보다 어른들에게 존댓말을 하는 모습이 굉장히 인상적이었다. 어쩌면 당연하다고 생각할 수도 있겠지만 아이 입장에서는 여간 어려운 일이 아닐 수 없을 것이다. 존댓말을 곧잘 쓰는 아이를 보고 있자니 부모가 된 형과 형수가 대단해 보이기까지 했다. 이렇게 아이를 의젓하게 잘 키워내고 있으니 부모로서 이들만의 철학이랄까 신념이랄까 뭔가가 있을 것 같았다. 어쩌면 내가 고민했던 것보다 더욱 쉽게 어떤 '답'을 구할 수 있으리라는 기대감이 역시나 내 멋대로 증폭되고 있었다.

    이런저런 사는 얘기를 주고받다가 질문을 던졌다.
아버지가 된 느낌이 어떠냐고….

    잠깐 고민에 빠진 형은 여전히 모르겠고 어렵다고 했다. 심지어는 자신의 삶을 되돌아보며 잘못 쌓아온 세월의 흔적 때문에 행여나 아이에게 안 좋은 영향을 주는 게 아닌지 걱정이 들기도 한다고 했다. 전혀 예상하지 못했던 답변이었다. 아니, 바라던 답이 전혀 아니었다.
    내가 봤을 때는 뭔가 그럴듯하게 한발 한발 내디디고 있는 것처럼 보였는데, 정작 본인은 4년이라는 세월이 흘렀어도 전혀 알 수 없다는 답을 늘어놓다니….

그러면서 아이와 함께 지금까지 보내온 시간보다 앞으로 함께할 시간에 더 많은 고민이 된다며, 오히려 나에게 "넌 어떻게 생각하느냐."며 정말 당황스럽기 그지없는 질문을 던졌다.

나는 당황스러웠다. 대답을 구하는 쪽은 내 쪽일 거라고 생각했는데 형은 내 의견을 묻고 있었다. 아직 아이가 세상에 나오기 전이고 내 머릿속은 걱정과 기대와 불안으로 온통 뒤죽박죽인 터였다. 형의 질문에 내놓을 만한 대답이 선뜻 나올 리 만무했다.

'형, 나야말로 생각이 많기도 했다가 아무 생각이 없이 하루하루를 걱정과 기대 속에 보내고 있다고!'라는 속마음 말풍선이 스멀스멀 부풀어 올랐다. 하지만 나는 예비 아빠였다. 무턱대고 나오는 대로 말을 주워섬기고 싶지 않았다. 나 혼자의 문제가 아니라 내 가족의 문제이므로.

그렇다고 아무 말 않고 잠잠히 있을 수도 없는 노릇이어서 그동안 책이나 미디어에서 접한 이야기 중에 좋아 보이는 내용만 선별해 내뱉기 시작했다. 그래도 그동안 좋은 아버지가 되기 위해 열심히 이것저것 찾아봤던 것들이 도움이 됐는지 내가 듣기에도 꽤나 설득력이 있었다. 계속 말을 이어가다 보니 나도 모르게 '정말 이렇게만 할 수 있다면 멋진 아빠가 될 수 있겠는걸…' 싶어 내가 찾던 어떤 답에 근접한 듯한 느낌까지 받았다. 내가 질문하고 내가 대답을 한 꼴이 됐는데, 지금에 와서 생각해 보니 형이 스스로 내가 답을 찾도록 도와준 것이 아니었을까 하는 생각이 든다.

한참을 듣던 형은 내가 했던 말들에 동감을 표하고 "오히려 자유롭게 생각할 수 있는 네가 어떤 면에서는 굉장히 부럽다."고 했다. 나는 순간 멍해질 수밖에 없었다. 애초에 내가 생각했던 방향과는 너무 다르게 결론이 나버린 것이다. **말해놓고 보니 마치 나는 이미 어느 정도 준비가 되어 있는 아버지가 돼 있었다.** 나는 전혀 준비되어 있지 않으며 오히려 어떤 물음에 답을 얻기 위해 형과의 만남에 굉장히 기대가 컸다… 라고는 당연히 말할 수 없었다.

만나기 전보다 더욱 혼돈스럽고 어리둥절한 마음으로 식사를 마치고 형 가족들과 헤어지고 집에 돌아왔다. 그날 아내는 컨디션이 좋지 않아 함께 가지 못했기 때문에 형을 만나 나눈 얘기를 아내에게 전해줬다.

감추려고 그런 건 아닌데 뭔가 내 마음 안에서 계속 틱! 하고 걸리는 게 있어서 그날 있었던 일 전부를 말할 수가 없었다.

예비부모로서 안에서 생겨나는 걱정과 궁금증에 대한 해답을 얻기 위해 형을 만났고, 내가 보기엔 완벽한 부모였던 형 부부도 역시나 부모로서 너무 많은 고민에 휩싸여 있었다는 것을 시시콜콜하게 말하고 싶진 않았다. 어떤 대답도 정답일 수 없다는 것을 어렴풋하게 알았던 것 같다. 무엇보다 아내는 임신 자체만으로도 일생일대의 피할 수 없는 정면승부를 앞두고 있었으니까.

화목한 가정을 일구고 있는 형 부부와 좋은 시간을 보내고 왔다, 라는 것은 사실이다. 하지만 그 안에서 생겨난 나의 의문과 상념들을 드러내고 싶지는 않았다. 마치 커닝을 하고 높은 점수를 받은 시험지를 엄마에게 선뜻 보여주지 못하는 마음이랑 비슷하달까. 높은 점수를 받은 건 맞지만 칭찬을 들을 만한 일은 분명 아닌 그런 마음이었다. 이렇게 복잡한 마음이 가득한데 다음 날 형에게 문자가 왔다. '어제 덕분에 이것저것 생각도 하고 좋은 시간이었다. 외조 잘하고. 조만간 한 번 더 보자.'라고…. 뭐라고 보낼까 한참 고민을 하다 함께 참석하지 못했던 아내 얘기를 핑계 삼아 답장을 보냈다. 이런 모습은

'참 남편답다.'라고 저는 생각합니다.

    결국 아직도 나는 '좋은 아버지가 되고 싶다'는 생각에서 빠져나오지 못하고 있다. 머릿속에 생각이 너무 많아져서인지 최근엔 건강한 유전자를 자식에게 물려주기 위해선 어떤 준비가 필요한지에 관한 이미 소용없음이 분명한 자료도 들춰봤을 정도다. 이미 내 유전자를 받은 아이가 아내의 배 속에 있는데 이제와 유전자 개선 초읽기 프로젝트가 무슨 소용이랴.

    그러면서도 포기할 수 없는 게 아빠의 역할에 대한 욕심이다. 아이를 위한다면 '역시 여섯 살 정도까지는 한쪽 팔로만 번쩍 아이를 들 수 있어야지.'라는 생각에 열심히 팔굽혀펴기를 시도 중이다. 그 외에도 나의 어린 시절을 되돌아보며 혹여 나의 성장과정에서 어떠한 결핍이 있었던 건 아닌가 만약 그렇다면 아이에게 좋지 않은 영향을 미치게 되려나 살피기도 하고, '과연 좋은 아버지가 세상에 존재할 수 있는 것인가?'라는 제풀에 꺾인 쩨쩨한 생각에 사로잡히기도 한다. 울거나 그러지 않으니 그건 천만다행이라고 생각합니다.

    주변을 돌아보고 열심히 책을 들춰봐도 솔직히 아직 잘 모르겠다. 좋은 아버지는 어떤 건지….

그렇지만 난 우리 아이가 정말 궁금하고 보고 싶다. 초음파 사진의 모습을 보고 내 멋대로 상상에 빠져 아주 구체적으로 그려보기도 한다. 아이와 함께 하는 모든 순간들에 대한 상상, 최대한 성실하게 내 가정을 꾸리겠다는 다짐, 부끄럽지 않은 아빠가 되기 위한 노력의 맹세 같은 것들. 그런 생각들에 빠져 있다가 나도 모르게 괜히 감동해서 벅차오르는 감성을 주스르지 못한 적도 여러 번이다.

그러고 보니 이미 나는 '좋은'은 모르겠지만 '아버지'는 돼버린 거구나….

겨우 남편입니다

아이가 태어났다. 건강한 사내아이다. 약간은 수줍은지 태어나자마자 터트리는 울음조차 어느 정도의 머뭇거림이 있었다. 아내가 출산하는 순간에 함께 하였는데, '아이가 태어나는 순간에 눈물이 나와주지 않으면 어쩌지?'라는 걱정이 굉장한 부담감으로 다가왔다.

첫아이의 출생은 아버지로의 시작을 의미하기에 첫 순간부터 눈물 한 방울 없다면 가장의 책임을 다하지 않는 모습으로 비춰질 것 같아 두려웠다. 또한 앞서 출산을 경험한 주변 사람들의 증언 역시 반드시 눈물을 흘려야 한다는 어떤 부담감을 나에게 주고 있었다.

하지만 **다행히도(이 표현이 적절한 거겠죠?) 아이가 태어나는 순간 들리는 울음소리에 나도 모르게 눈물이 주룩 하고 흘렀다.** 그 당시의 감정을 뭐라고 정확하게 표현하기는 어려운데…. 정말 그냥 눈물이 주룩 하고 흐른다.

돌이켜 생각해보면 눈물의 이유에는 열 달 동안 고생한 아내에 대한 안쓰러움이 컸던 것 같다. 난 운 좋게도 직업적인 특성 덕분에 아내의 임신 기간 중 대부분의 시간을 같이 보낼 수 있었는데, 함께하는 동안에는 몰랐던 감정이 아내가 출산할 때 한꺼번에 몰려오는 걸 느꼈다. 아내가 고생했던 순간들, 혹은 내가 잘해주지 못했던 순간들에 대한 미안함이 대부분이었다. 고맙게도 건강하게 아이를 출산하는 모습이 대견하고 존경스러웠다. 그러면서 내가 한없이 작은 인간이라는 생각에 더 울컥하기도 했던 것 같다. 아내는 진통을 하는 15시간 동안에도 소리 한 번 지르지 않았다.

완벽할 수는 없겠지만 아내와 곧 태어날 아이를 위해 최선을 다하고 싶었다. 작게나마 출산을 앞두고 남편으로서 조심해야 할 것들에 대해서 이리저리 알아보고 체크해두었다. 특히나 진통이 시작되었을 때 어떻게 처신해야 하는지 나 혼자 약 한 달간 엄청난 시뮬레이션을 하기도 하였는데… 막상 닥치고 보니 준비한 모든 것들이 아무 소용이 없었다.

아내의 출산을 위한 나의 비장한 준비태세는 멋쩍을 정도로 아무 도움이 되지 못했다. 모든 것은 아내와 아이

두 사람의 고군분투에서 시작해 말로 표현할 수 없는 감동으로 끝났다. 남편으로서 아내의 수고를 덜어주고 싶다는 진심 어린 소망 외에 내가 준비한 플랜들은 어쩌면 사소했다.

출산 당일 아니 그 이전부터 아내가 감당했을 불안과 스트레스가 어땠을까 헤아리기만 해도 아찔하다. 겉으로 아내는 말짱했고 한결같았다. 그랬기에 더욱 대견하고 놀라웠는지도 모른다.

그래서 아내가 출산한 후에 지인과 전화 통화를 할 때 어땠냐는 질문에도, 내가 별로 해준 게 없어 다른 남편들처럼 엄청난 무용담을 들려줄 수가 없었다. 그저 내가 한 일이라고는 묵묵히 아내 옆에 있어준 것밖에 없다는 정도….

출산하고 나서 아내가 잠깐 입원했을 때도 마찬가지였다. 뭐라도 챙겨줘야겠다는 생각에 이것저것 물어보았지만 괜찮다는 말이 전부였으며, 이렇게 큰일을 치러낸 사람이 맞나 싶을 정도로 밝은 표정이었다. 지치고 피곤한 기색은 찾아볼 수 없었다. 괜한 말이 아니라 아내는 그 어떤 산모들보다 밝게 빛나고 있었다. 물론 주관적일 수밖에 없다고 생각합니다만 빈말은 아닙니다.

산모들이 입원한 순간부터 겪는 어려움은 모유 수유로 인한 수면 부족이 굉장히 크다. 그리고 수유와 동시에 신체의 리듬도 회복해야 하기 때문에 여러모로 피로가 쌓일 수밖에 없는데, 다른 설명은 다 필요 없고 그냥 너무, 엄청나게, 아주 많이, 굉장히… 힘들다고 보면 된다. 나 또한 남자다 보니 겨우 이 정도 표현밖에 못 하지만, 산모들이 실제로 느끼는 어려움은 아마 난 평생을 살아도 잘 모를 것이다.

이럴 때 옆에 있는 남편이 잘 돌봐줄 수 있어야 하는데 막상 그게 별 게 아니어서 조금 무안하기도 하다. 굳이 설명하자면 이렇다. 거동이 불편한 아내를 휠체어에 태우고 모유 수유실로 옮겨준다. 수유가 끝날 때까지 기다린다. 아내가 나온다. 다시 휠체어에 태워 입원실로 데려간다. 애석하게도 이 정도가 다다. 뭔가 더 해주고 싶지만 정말 입원해 있는 동안엔 옆에 있어 주는 것, 이 정도뿐이다.

누구도 아닌 내가, 아주 중요한 도움을 줄 수 있어야 한다고 생각하는 건 아니다. 아내에게 도움이 되는 일이 그것뿐이었고, 격려와 감사의 내 마음을 표현할 길 또한 그 방법뿐이었다는 뜻이다.

감염 위험 때문에 수유실에는 남편이 같이 들어갈 수

가 없다. 처음 하는 모유 수유가 분명 쉽지 않을 텐데 아내 혼자서 감당하고 아이가 함께 나눈다. 나도 뭔가 거들어주고 싶지만 조리원에 가기 전까지 그저 아내가 하는 말을 전해들을 수밖에 없었다. 물어볼 때마다 아내는 수유도 잘되었으며 아이도 힘내서 잘하고 있다고 했고 나는 참 다행이라며 안심했었다.

얼마 후 조리원에서 아내가 수유하는 모습을 보게 됐고 아내의 얘기에 안심한 내가 얼마나 바보 같았는지 깨닫는 데 그리 오랜 시간이 걸리지 않았다.

모유 수유라는 일이 엄마에게 있어서 얼마나 심적 부담이 큰지, 또 계속되는 수유로 인해 가슴에 오는 통증은 얼마나 되는지 실제로 보고 나서야 알게 되었다. 눈도 못 뜬 채 입을 조물거리는 아이에게 자신의 고통을 잊은 채 수유를 한다. 아이에게도 엄마에게도 훈련되지 않은 일이자, 그 언제보다 필사적일 수밖에 없는 일이기도 했다.

출산 후에는 식사 또한 쉽지 않다. 회복을 위해서, 아이를 위해서 먹는 매 끼니는 예전에 먹던 식사와는 다르게 다가온다. 아내는 배가 불러 있던 열 달 동안의 식사도 자신을 위함이 아닌, 아이를 위한 끼니가 대부분이었을 것이다.

아이를 위해 먹어야 하는 것뿐 아니라 아이를 위해서 참기도 했을 것이다. 임신 기간 동안 나는 아내와 단 둘이 무수히 많은 식사를 했다. 몸에 좋은 것을 먹기도 했고, 입에 당기는 것을 마음껏 먹기도 했다. 가끔 아내는 아이의 이름을 부르듯 자신의 배를 쓰다듬거나 소복하게 안은 채 밥을 먹었다. 당시엔 당연히 우리 두 사람이 마주 앉은 테이블이었지만, 돌이켜보면 우리는 이미 늘 배 속의 아이와 함께 세 명이서 식사를 했던 것 같다.

나는 지금까지 나를 위해서가 아닌 끼니를 먹어본 적이 없다.

아마 앞으로도 경험해보기 쉽지 않을 것이다. 더군다나 나로 인해 내 아이의 모든 게 좌지우지된다면? 그 부담감은 실로 엄청날 거 같다. 그런데 남편인 내가 이제야 그 부담감을 얘기하고 있다. 아니 어쩌면 많은 부분을 지나고 나서야 얘기하고 있는 건지도 모르겠다.

지금까지도 내 아내는 똑같다. 다 괜찮고 그 어느 누구보다 밝게 빛나고 있다.

그대 눈동자에
축복을

　우리 아들은 눈망울이 굉장히 크다. 여기서 중요한 점은 '눈이 크다'가 아니라 '눈망울'이 크다는 거에 있겠다. 우리 아이의 눈을 직접 보기 전까지 사람의 눈을 눈과 눈망울로 구분한다는 건 생각하지 못했다. 하지만 엄연히 눈의 테두리와 그 안에 존재하는 눈동자는 구분을 해줘야 하는 게 마땅하더라.

　대부분의 사람들은 눈이 커야 예쁜 거라 생각하는 경향이 있다. 그래서인지 순정만화에 등장하는 주인공들은 눈을 다 크고 뚜렷하게 묘사해놓았다. 나 또한 크고 또렷한 눈이 예쁘다고 생각하는 사람 중 하나였다. 하지만 아들을 통해 알게 된 사실인데 눈의 테두리보다는 눈동자, 즉 눈망울이 커야 예쁜 눈이 된다는 것이다.

　여기에 이의를 제기하는 분들이 분명히 존재하겠지만 가만히 떠올려 보시길.

대표적인 순정만화 『베르사이유의 장미』에 등장하는 인물들의 눈을 기억하는가. 얼핏 생각하면 눈을 크게 묘사해서 그려놓은 거 같지만, 자세히 보면 반짝반짝 빛나는 그들의 눈동자에 거의 흰자가 보이지 않을 정도로 눈망울을 커다랗게 묘사해놓았다는 것을 알 수 있다.

이건 내 의견이지만 이 작품을 그린 작가는 눈을 크게 묘사하기 위해서가 아니라, 그 안에 존재하는 눈동자를 더 자세히 표현하기 위해서 어쩔 수 없이 눈의 테두리를 크게 그린 거라 생각한다. 그 외에 다수의 순정만화 주인공들도 살펴보고 나면 내 의견에 더 많은 공감을 할 것이다. 왜냐하면 감성에 호소하는 순정만화 속 캐릭터들의 눈동자가 정상범위 이상으로 커야 감정전달에 효과적일 거라 생각한다.

이목구비 가운데 인간의 표정과 감정을 가장 많이 드러내는 신체부위는 눈이다. 엄밀히 말하면 눈 전체가 아니라 그 속에 담긴 눈동자가 요즘 말로 '열일 한다.' 놀라면 동공이 확장하고, 행복감에 젖으면 눈동자가 빛난다. 슬픔에 휩싸이면 눈동자부터 젖어온다. 간단한 눈살 찌푸림이나 윙크 같은 눈 주변 근육의 도움을 받기도 하지만 기본적으로 인간의 모든 감정은 눈동자로 통한다.

인간의 몸은 세월에 따라 성장과 퇴화를 거치며 노화

한다. 이 중 눈동자는 색이 옅어질 뿐 크기와 생김이 틀어지지 않는다. 그래서 아직 근육과 뼈가 성장하지 않은 상태의 얼굴에 담긴 어린아이의 눈동자는 어른보다 훨씬 커 보이는 것이다. 우리가 태어날 때부터 갖고 나온 눈동자는 생을 마감할 때까지 눈 속에 그대로 박혀 있다고 보면 된다. 인생의 풍파를 겪었다고 해서 눈동자의 오른쪽이 찌그러지거나 먹색이 갈색으로 바뀌지 않는다.

어린아이의 눈동자가 상대적으로 큰 것이 당연하다고 해도, 이러한 사실을 감안하고 봐도 역시 내 아들의 눈동자는 심상치 않은 크기를 자랑한다.

아들과 얼굴을 일대 일로 마주할 때면 무한한 우주에 별들이 나를 향해 반짝이고 있는 것 같아 입을 헤 벌리고 바라볼 때가 한 두번이 아니다. 절대 팔불출이라서가 아닙니다.

이런 눈망울을 가진 아들이 태어날 거라고 예상하지 못한 나는 요즘 종종 당황할 때가 있다. 예의 반짝거리는 눈망울로 나를 쳐다보면 분명 이제 막 옹알이를 시작한 아이임에도 나에게 어떤 말을 하고 있는 게 명확하게 느껴질 때가 있기 때문이다.

물론 아직 세상에 나온 지 두 달 정도밖에 되지 않아 세상경험이 많지 않다 보니 '배고프다, 졸리다, 기저귀 갈아달라, 덥다, 춥다, 트림을 시켜달라.' 등 몇 가지 의사 표현밖에 없지만, 그때마다 분명 눈으로 나에게 얘기하고 있음을 알 수 있다.

간혹 그 반짝거리는 눈망울이 원하는 바를 이쪽에서 읽어내지 못하면 답답한지 앙- 울어버리기도 하지만, 심지어 울음을 터트릴 때조차 눈은 반짝거리며 나에게 계속해서 말을 걸고 있으니 나와 아들은 이미 대화가 통하고 있다고 할 수 있겠다.

요즘은 살아온 나날이 쌓여서인지 더 많은 것들을 나에게 말하기 시작하고 있다. 어느 날은 밖에 일이 있어 나갔다 돌아온 나를 아무 말 없이 눈으로 위로해주는 녀석을 보고 그만 눈물이 핑 돈 적도 있었다. 물론 어린 아들 앞에서 주책이라는 생각에 금세 눈물을 거두기는 했습니다. 하지만 단 몇 초의 시선만으로 아들이 나에게 백 마디 말보다 더한 위로를 던져준 그날을 난 잊지 못할 거 같다.

앞서 말한 대로 요즘 우리 아이는 옹알이를 시작했다. 여기서 나는 또 놀라운 점을 발견했다. 그 큰 눈망울과

옹알이가 합쳐져 하나의 언어로 정확하게 인식되는 순간이 전보다 더 많아진 것이다. 거기에 녀석의 몸짓까지 더해지면 이건 누구라도 알아들을 수밖에 없는 하나의 언어로 완성된다. 그런 모습을 가만히 바라보고 있자면 벌써부터 자신만의 언어를 터득해 아빠에게 대화를 시도하는 아들이 대견해진다. 한편으로는 이런 못난 아버지에게서 어떻게 이토록 놀라운 아이가 태어났는지 감격스러워하며 하루하루를 보내고 있다. 정말로 저는 팔불출은 아닙니다만, 문득 조금은 그럴 수도 있겠다는 생각이 드는군요.

    지금도 내 아들은 수유 시간을 체크하는 아내와 이런저런 말들을 주고받으며 웃고 있다. 대화의 내용은 이렇다. 정해진 시간에 모유를 잘 먹고 있는 아이에게 잘하고 있다는 칭찬을 아내가 하면, 아들은 "중간에 못 참을 때도 있지만 엄마를 생각해서 그래도 잘 견디고 있다."며 방실방실 웃으며 자신만의 언어로 소통하고 있다.
    그 모습을 보고 있자면 끼어들기가 무색할 정도로 모자의 대화가 정겹게 느껴진다. 여기에 더해 전화 통화로 할머니와도 대화를 시도하고 있으니 내가 직접 목격한 것이지만 놀라운 장면이 아닐 수 없다.

눈동자로 소통하는 인간의 기질을 감안했을 때 커다란 눈동자를 갖고 태어났다는 것은 세상만사에 호기심이 많다는 뜻일지도 모른다. 또는 교감을 중시하는 사람으로 자라려나?

하지만 어떤 예측과 예단도, 어떤 기대와 걱정도 하지 않을 생각이다. 이 아이가 우리 곁에 왔다는 것만으로 우리 부부가 품었던 기대와 예측을 넘어서버렸으니까.

살면서 주변의 여러 부모들을 보았다. 대부분 자신의 아이가 천재라고 생각하거나 다른 아이들에 비해 어떠한 능력이 뛰어나 대단한 재능을 가진 거 같다며 누가 봐도 객관적일 수 없는 근거나 자신의 주관적인 견해를 말하는 부모들 말이다. 그래서 아이가 태어나기 전에 나는 절대 그러지 않으리라 다짐했다. 어떤 부분에 재능이 조금 보인다 하여도 천재라는 단어를 남발한다거나 필요 이상의 재능이 있다고 스스로 단정하는 행동 말이다.

난 우리 아이가 천재라거나 어떤 부분에서 재능이 특출하다고 생각하지 않는다. 이제 두 달이 채 되지 않은 아이에게서 그러한 점이 보인다는 말도 허무맹랑하다고 생각한다. 그저 굉장히 평범한 아이라 생각하고 있으며, 앞으로 건강하게 잘 자라주었으면 하는 소박한 마음만 가득하다. 그저 내 아들은 눈망울이 클 뿐, 그것뿐입니다.

국민학교를 지나
겨우 초등학교에

조카가 초등학교에 입학을 했다. 참고로 난 누나가 두 명 있는데 이들과 굉장히 가까이에 살고 있다. 심지어 작은누나와는 같은 아파트에 호수만 다르다. 누나 겸 이웃사촌이라고도 할 수 있겠다. 누나이면서 이웃사촌이라고 하니 왠지 훨씬 더 가깝게 느껴지는 건 제 착각이겠죠? 아니지. 사촌이라는 표현이 더해진 거니 어쩌면 더 멀게 느껴질 수도 있겠다.

그 이웃사촌인 작은누나의 큰아들이 초등학교에 입학한 것인데, 가까운 곳에 살기도 하고 며칠 전 유치원 졸업식 때 다른 친구들에 비해 가족들의 참석률이 떨어져 조카가 많이 섭섭해했다는 얘기를 들으면서도 삼촌이 입학식은 꼭 가겠노라 바로 다짐하지 못했던 것이 마음에 걸렸다. 난 그리 살가운 삼촌은 아니니까요. 하지만 아주 살가운 숙모인 나의 아내가 꼭 참석하기를 원했다.

유부남인 나에게 아내의 말은 어떤 절대적인 명령이나 다름없기에 입학식에 함께하기로 하였습니다.

문득 나의 국민학교 입학식이 떠올랐다. 놀랍죠? 제가 초등학교가 아닌 국민학교를 다녔다니. 당시 우리 집은 먹고살기 너무 바빴기 때문에 자식이 셋인 부모님은 세 번째로 맞이한 국민학교 입학식 정도에 할애할 시간적 여유가 없었으며, 누나들 또한 나와는 나이 차이가 꽤 나서 막내의 입학식에 참석하기는 불가능했다.

때마침 시골에서 올라오신 할머니가 함께 가주셨는데 어린 마음에 그게 참 창피했다. 아마도 부모님이 함께하지 않아서 더 그랬던 거 같다. 기억을 더듬어보면 국민학교 입학식이 그렇게나 거창한 것이며 나름의 가족 행사인 줄 당일에야 깨달았던 거 같다.

내 또래인 아이들이 잘 차려입고 각자 부모님 손에 이끌려 그 큰 운동장을 가득 메운 풍경은 놀라웠다. 그러나 놀라움도 잠시. 부모님이 아닌 할머니가 곁에 있는 나만 유독 달리 보여 괜스레 많이 움츠러들었다. 다른 아이들이 부모님과 손을 맞잡고 제자리를 찾아갈 때도 나는 어찌할 바 모르는 할머니 손에 이끌려 우왕좌왕했다.

젊은 부모들과 어린이가 한데 모여 설렘과 흥분을 감

추지 못하는 그 큰 운동장에서 할머니는 행여 실수라도 하실까 봐 속을 졸이셨던 것 같다. 내 손을 잡고 다니는 동안 어찌나 화를 많이 내시던지, 본인도 처음 참석한 입학식이라 많이 당황하신 거 같았다.

아들 내외를 대신해 손자의 입학식이라는 중요한 임무를 수행하는 우리 집안의 대표선수라는 긴장감과 체력적인 한계가 한데 어우러져 딱딱하게 굳은 얼굴로 내 손을 꼭 쥐고 드넓은 운동장을 오가셨다. 아마도 내가 그랬던 것처럼 할머니도 당일 운동장 풍경을 보고 뭔가 '아차!' 하셨을 거 같다.

여기서 우리 할머니에 대해 잠깐 말씀드릴 것 같으면 몸이 불편해지기 전까지 사계절 내내 한복을 입고 다니셨으며 머리 또한 그에 어울리는 쪽진 머리에 비녀까지 꽂고 다니셨다. 요즘 사극에 나오는 약간 몰락한 양반집 마님 정도를 떠올리면 적당하겠다. 내가 입학했던 해가 아무리 1988년도였어도 할머니의 그런 차림은 서울에 위치한 국민학교 운동장에서 단연 독보적일 수밖에 없었다.

게다가 할머니의 목청은 엄청 크셔서, 웬만한 기계음의 데시벨을 가볍게 뛰어넘으셨다. 할머니가 내 이름을 부르면 제 아무리 교장 선생님께서 마이크로 주옥같은 얘기를 한다 해도 그곳에 모인 사람들은 '봉태규'라는 이름 석 자를 더 명확하게 들을 수 있을 정도였다.

태어나 사회생활의 첫발을 딛는 나의 입학식은 모든 부분에서 기대를 벗어나고 있었다. 난 입학식이 빨리 끝나기만 바랐다. 길게 말씀하시는 교장선생님이 원망스러웠으며, 괜스레 부모님도 밉고 누나들은 더 미웠다. 운동장에 서 있는 내내 속으로 무작정 화만 내고 있었다. 난 한 번도 고개를 똑바로 들지 못했던 거 같다. 뭐가 그리 창피하고 화가 났는지 참…. 입학식이 끝나자마자 뒤도 돌아보지 않고 도망치듯 집으로 뛰어왔다.

한참이 지나서야 할머니가 돌아오셨는데 오랜 시간 나를 찾다 오신 기색이 역력했다. 쌀쌀한 날씨였지만 한 손에 꼭 쥔 손수건으로 연신 땀을 훔치며 '그래도 내가 할 도리를 다 했다'는 듯 아주 기분 좋은 웃음을 머금고 계셨다.

지금 생각해보면 손자의 입학식을 지켜보는 할머니는 어떤 마음이 드셨을까 싶다. 아마도 무척 기쁘고 설레었을 거 같다. 당시 맞벌이를 했던 부모님의 사정 때문에 나는 100일 갓 넘었을 때 시골로 보내져 일곱 살까지 할머니 밑에서 자랐다. 그런 당신이 갓난쟁이 때부터 어르고 달래며 키운 손자가 다 커서 국민학교에 들어간다니…. 그 입학식이 할머니에게는 어떤 기대로 다가왔을까? 그런데 손자가 창피하다고 입학식 내내 고개를 푸욱 숙이고 있었으니 나를 바라보는 할머니 입장에서는 얼마나 안타깝고 속상했을까.

내가 조금이라도 철이 들었더라면 살갑게 할머니와의 입학식을 치렀겠지만 여덟 살짜리 꼬마아이에게 그런 조숙함이 있을 리 만무했다. 학교에서도 집에서도 뽀로통하게 표정을 풀지 않았다. 할머니가 손자의 심통을 모르셨을 리 없다. 하지만 웬일인지 할머니는 매우 기분이 좋아 보이셨는데 아마도 손자의 첫 입학식을 치러냈다는 자부심 같은 것 아니었을까. 그날 할머니 입가에 미소가 굉장히 오래 머물러 있던 기억이 난다.

자, 과거 국민학교의 상념을 떨치고 현재 초등학교로 돌아옵니다. 살뜰한 삼촌 코스프레를 하며 참석한 조카의 입학식은 내 시절과는 무척 달랐다. 넓디넓은 운동장에 학급당 50명에 육박하는 아이들이 열 개가 넘는 반에 배정되어 도열했던 모습은 찾아보기 힘들었으며, 교장 선생님의 장황한 훈화 말씀 또한 듣기 어려웠다. 한 학급당 17명의 정원에 세 개 반이 전부였으며, 추운 날씨 탓에 따뜻한 강당에서 입학식을 진행했다.

　가장 인상적인 건 6학년 선배들이 이제 막 입학한 후배들에게 환영의 인사로 고깔모자를 씌워주며 입학식을 함께하는 모습이었다. 대부분의 아이들은 부모님은 물론 다른 식구들도 함께하는 모습이 도드라져 보였다. 그 모습이 아주 약간은 부럽기도 했다.

　큰 목청으로 운동장을 가득 메웠던 내 할머니처럼 난 조카의 이름을 큰 소리로 불러주지는 못했다. 그저 그때의 나처럼 고개를 가끔 푸욱 하고 숙이게 됐다. 국민학교에 다니던 그때의 내가, 초등학교에 와서야 진짜 부끄러움을 배웠나보다.

　설렘과 흥분이 가득하던 드넓은 운동장, 처음 보는 아이들끼리 경계심과 호기심이 범벅된 시선들, 약간 쌀쌀한 삼월의 공기 속에서 등허리를 간질이며 식은땀을 내던 미열, **할머니가 움직일 때마다 들리는 사각사각 한복 치마저고리 소리** 같은 것들이 한꺼번에 와락 떠올랐다.

　시끌벅적한 운동장 한가운데서 나는 한 뼘쯤 자란 것 같았고, 아빠 엄마한테 더 이상 반말을 하면 안 되지 않을까 같은 생각도 했던 것 같다. 그러면서 내 곁에서 긴장 속에 사방을 두리번거리는 할머니를 올려다봤다. 그 때 나는 할머니의 투박한 손을 조막만한 손으로 꼭 잡았었다.

The Day

나는 어릴 때부터 날짜에 대한 개념이 상당히 흐릿했다. 아니, 거의 지워져 있다고 봐도 된다. 이상하게 요일은 정확하게 기억했는데 날짜는 매번 틀리기 일쑤였다. 심할 땐 몇 월 며칠인지조차 잊어버릴 때도 종종 있었다. 사정이 이렇다 보니, 직업 특성상 누군가에게 사인해줄 일이 어쩌다라도 있을 때면 바짝 긴장하게 된다. 농담이 아니라 진심입니다.

왜냐면 언젠가 그해의 연도와 날짜를 몽땅 잘못 써서 '시간을 지배하는 자'가 되어 과거와 미래로 타임슬립을 한 적이 있으며, 어렵게 사인을 부탁했던 상대에게 성의 없다는 비난을 들으며 사인을 돌려받는 난감한 상황에 처한 적도 있기 때문이다.

이쯤 되면 고의라고 할 수도 없고, 팬에 대한 약 올림도 아닌 것이, 묘하게 양쪽 다 난처하고 불편한 상황이 되는 것이다.

하지만 이렇게 날짜 개념이 엉망진창인 내게도 또렷하게 각인되어 있는 몇 개의 날들이 있다. 그중 하나가 내가 키웠던 강아지가 우리 집에 처음 온 날 '98년 7월 7일'이다. 이날을 정확하게 기억하는 이유는 돌연 은퇴를 선언한 뒤 돌아온다, 돌아오지 않는다, 소문만 무성했던 서태지가 정식으로 컴백한 날이자 그가 그룹이 아닌 솔로 가수로 첫발을 내딛었던 날이기도 해서다.

그날 오후 나는 집에서 자고 있었는데, 엄마가 내 팔에 스윽 하고 뭔가를 올려놨다. 그리고 그때 그 따뜻한 감촉을 아직도 선명하게 기억한다. 나는 기본적으로 겁이 많은 사람이라서 갑작스러운 접촉이 생기면 움찔 하고 놀라는 편인데, 그때는 신기하게 눈만 스르륵 떠졌다.

묘한 느낌의 정체를 눈으로 확인했을 때의 기쁨은 말로 표현하기 어려울 정도였지만, 아… 그 녀석은 딱 그때까지만 귀여웠다. 자라면서 점점 본색을 드러낸 뒤부터는 "나 따위 어떻게 하든 신경 쓰지 말아요."라는 말을 내뱉은 질풍노도의 청소년 같은 모습을 일관되게 유지했다. "강아지라면 이럴 거야."라는 예상 안에 드는 행동은 거의 하지 않았다. 우리 집을 그 녀석이 머물고 있는 작은 사회라 규정한다면 거의 무정부주의자에 가까웠다.

일관되게도 귀염성이란 눈곱만큼도 없었는데, 예를 들면 내가 외출을 하고 집에 돌아오면 거의 움직임이 없이 나와 시선을 맞춘다. 그 모습에 기가 막혀 멀뚱히 쳐다보면 그제야 마지못해 "어이!"하고 말하듯이 꼬리만 살짝 흔든다. 그러고는 정말 귀찮지만 애교를 시전하지, 라는 태도로 현관으로 다가와 내 신발에 콧바람을 "흥!" 불고 나서 "이 정도면 됐지."라는 눈빛을 보이고 어슬렁어슬렁 자기 자리로 돌아가곤 했다.

잠을 잘 때도 자신이 눕고 싶은 자리를 예민하게 선정한 뒤 내가 거길 조금이라도 차지하고 있으면 앞발로 내 몸을 툭툭 건드리며 자리를 내줄 것을 요구하는 건방진 녀석이었다. 하지만 우유부단한 나는 단호하게 자기 하고 싶은 것만 하는 제멋대로인 그 녀석이 부럽기도 했다. 눈치 보지 않고 앞으로만 내달리는 모습이 리얼하달까.

어쨌든 강아지가 처음 집에 온 날 중요한 문제는 따로 있었는데, 바로 이름이었다. 왜 그렇게까지 고민했나 싶을 정도로 강아지에게 어떤 이름을 붙여줄지 가족 모두의 합의를 이끌어내기가 쉽지 않았다. 아찔했던 기억은 다들 지쳐서 빨리 결론을 내리려는 마음에 아마도 '쫑', 이런 이름을(물론 이 이름에도 심오함과 고민이 담겨져 있다고 생각합니다만…) 붙여주려고 했던 순간이다.

그런 자포자기식의 의사 결정은 옳지 않다고 생각한다. 심사숙고한 고민의 시간들이 물거품이 되지 않도록 최선을 다해야 한다. 특히 새 식구의 이름을 짓는 데 있어선 더욱. 거듭 말하지만 '쫑'이 싫어서 그런 것은 아니다.

난 그 사이사이 서태지 솔로 1집을 맹렬히 들었다. 앨범 어디에도 가사가 적혀 있지 않아 연습장에 가사를 받아 적으며 공부하듯이 집중해서 말이다. 그렇게 몇 번이고 반복해 노래를 듣고 나서야 앨범 재킷을 세세하게 살펴봤다. 혹시라도 구겨질까 봐 아주 조심하면서, 그러다 인트로 곡의 제목이 눈에 들어왔다.

Maya.

혹시나 해서 사전을 찾아보니 뜻도 멋졌다. 환영, 현상 세계라니. 크! 늦은 밤 나는 확신에 차 무릎을 탁 쳤다. "이거다!"라고. 그렇게 14년을 우리 가족과 함께한 강아지의 이름은 마야가 됐다. 그래도 서태지 최고의 인트로는 'Yo! taiji'라고 생각합니다만.

록입니까?

    소설 『골든 슬럼버』에는 주인공의 택배 회사 선배, 일명 록 이와사키라는 캐릭터가 등장한다. 이름 앞에 '록'이 붙은 이유에 대해 소설은 이렇게 설명한다. "그의 입버릇은 당연히 '록'이었다. 비상식적인 일이나 따분한 잡무를 떠맡으면 '그건 록이 아니잖아.' 하며 발끈 화를 냈고 즐거운 일이 있으면 '록이네.' 하며 끄덕였다."
    이런 극단적인 이분법으로 모든 것을 판단하는 캐릭터는 생각이 많아 복잡다단하게 살아가는 나를 매혹했다. 나는 "멋지다! 역시 록이지."라며 고개를 연신 끄덕이다가 "록은 역시 우드스탁이야."라는, 뜻을 모르지만은 않을 소리를 혼자 히죽이며 중얼거렸다.
    내가 처음 무언가를 "록이네." 하고 받아들였던 것은 한 차원 높은 공교육에 적응하고 있는 중학교 1학년 때 발매된 서태지와 아이들의 3집이었다. 전곡이 록 사운드로 채워져 있는 이 신보는 당시로선 파격적인 앨범이었는데, 나의 심장을 '쿵' 때린 곡은 네 번째 트랙인「교실 이데아」였다.

우리들의 절규를 대신 토해내는 듯한(물론 내 주관적인 해석이지만) 샤우팅으로 시작하는 이 노래는 내가 공부하지 않는 것이 전국 구백만의 아이들 머릿속에 똑같은 걸 집어넣는 교육에 대한 반항이자, 사방이 꽉 막힌 시꺼먼 교실에 잡아먹히지 않기 위한 생존의 몸부림이었다는 깨달음을 주었다. 또한 대학이라는 포장지에 예쁘게 싸일 생각이 없기에 학우들과 우정을 위해 기꺼이 성적 정도는 포기할 수 있는 용기를 주었다. 그때 내 개인의 문제가 결국은 사회 전체의 문제일 수도 있다는 생각을 어렴풋이 했던 것 같다.

커트 코베인 사망 3주기였던 1997년에는 몇몇의 개인이 사회에 얼마나 큰 재앙을 가져올 수 있는지 IMF라는 걸 통해서 알게 됐다. 이때 소위 기득권층의 부와 재산은 유지된 채로 우리들의 부모만이 일자리를 잃었고, 삶의 가치가 화폐 우선순위로 바뀌게 된 것 같다.

거리에는 갈 곳을 잃고 헤매는 기성세대들의 한숨이 빌딩보다 높게 쌓여갔고, 학교는 물론 삶의 터전 곳곳에서 수많은 청춘의 꿈들이 지향점을 잃고 추락했다. 절망을 너무 일찍 알아버린 사람들과 출구가 보이지 않는 터널 앞에 선 사람들은 누구를 원망해야 좋을지 몰랐다. 운명이라고 하기엔 너무나 순식간에 개인의 욕망과 무관한 채로 여기저기서 삶이 무너졌다.

그건 록이 아니었다.

처음으로 참여한 대선 투표에서 내가 지지했던 후보가 역사의 한 페이지를 장식하는 순간을 목격하고, 낮은 곳으로 기꺼이 손을 내미는 그분을 보면서 "록이네."라고 생각했다. 그해 오지 오스본의 첫 내한 공연이 있었다.

퀸이 처음으로 한국을 찾는 2014년, 난 요즘 글을 쓴다. 그래서 책을 구매하는 일이 부쩍 많아졌는데 그럴 땐 당연히 집과 가까운 광화문 교보문고로 간다. 거기서 책을 사고 대각선에 위치한 카페 폴바셋에 간다. 좋아하는 자리에 앉아 아이스크림을 먹으며 "록이네."하고 무심코 창밖을 바라보면, 언젠가부터 전에 없던 광경이 처절하게 펼쳐지고 있다.

많은 사람들이 생업을 물린 채 광장에 나와서 소란하

지 않은 행동과 눈빛으로 무언가를 염원하는 모습이다. 무심코 지나는 사람과 발길을 멈춘 사람, 함께 기도하는 사람들이 서로의 어깨를 부딪히며 스쳐간다. 함께 기도하자고 손잡아 이끄는 사람도 없고, 멈칫하며 미안해하는 사람도 그다지 없다. 각자 하던 대로 일상을 살아내는 모습이 이곳 광장에는 잔인하게 섞여 있다. 닿을 듯 가깝게 보이는 광장의 비현실성이 무섭게 다가온다.

그럴 때마다 "난 안산에도 다녀왔고, 서명도 했어. 그리고 잊지 않을 거야."라며 쓴 입맛으로 아이스크림을 먹는다. 정말 그러면 이제 다 된 건가? 나만 편하고 잘 지내면 그걸로 된 건가? 125일이 지났다. 아직 돌아오지 못한 실종자가 있고, 체육관에선 그의 가족들이 여전히 그들을 기다리고 있다. 지금까지 셀 수 없는 많은 촛불이 켜졌지만 해결된 것은 아무것도 없다. 그래도 내겐 아무 일도 일어나지 않는다. 외면하면 편하다. 안심하면 잊게 된다. 침묵하면 내 양심은 비난받지 않는다.

지금 난 록인가, 아닌가.

다시 『골든 슬럼버』의 한 장면이 떠오른다. 기댈 곳 없이 위험에 처한 주인공이 도움을 청하자 이와사키는 그리 가깝지 않던 그를 당연하다는 듯이 돕는다. 부담스러운 부탁을 드려서 미안하다고, 이건 전혀 록이 아니라 미안하다고 연방 고개를 조아리는 주인공에게 록 이와 사키는 말한다.

"아니야, 록이야."

1을 더하고,
하루를 더하고…

　아침에 눈이 떠지면 난 언제나 그렇듯 침대에서 한참을 뭉그적거린다. 알람 소리도 어찌나 못 듣는지 일어나기 30분 전부터 5분 단위로 알림을 맞춰놓지만, 그래도 한 번에 깨는 경우는 거의 없다. 그렇게 겨우 침대에서 나와 물 한 잔을 마시고 양치질을 한다.
　입안에 화한 향이 가득 퍼지면 잠에서 서서히 깨어난다. 그리곤 찬물로 세수를 하고, 로션을 바른다. 이때 손으로 얼굴을 톡톡 두드리는 것도 잊지 않는다.
　시계를 보니 11시가 조금 지났다(대부분 새벽 2시에서 3시에 잠이 든다). 습관적으로 팟캐스트를 틀고 나서 슬슬 늦은 한 끼를 준비한다. 나는 엄마랑 같이 살지만 언젠가부터 요리에 흥미가 생겨서 몇 가지 기본 반찬을 빼고는 매끼 1인분의 식사를 직접 준비한다. 내가 차리는 밥상(그렇게 대단한 밥상은 아니지만)의 핵심은 뭐니 뭐니 해도 제대로 지은 밥이다. 그래서 혼자 밥을 차릴 땐 밥 짓기에 가장 공을 들인다.

우선 묵직한 무쇠솥을 준비한다. 각종 잡곡을 현미에 섞어 약 30분 정도 물에 불린다. 수분을 충분히 머금은 불린 현미 잡곡을 무쇠솥에 깨끗히 털어놓고 강한 불에 기포가 올라올 때까지 기다린다. 물이 끓기 시작하면 나무 숟가락을 준비해서 솥 안에 내용물을 살짝 졸이면서 저어준다. 적당히 졸여지면 무쇠솥의 뚜껑을 닫고 불을 약하게 조절한 뒤 약 15분 정도 기다려준다. 밥이 다 지어지기 전까지 틀어놓은 팟캐스트를 별다른 리액션 없이 멍하니 듣고 있는다. 뜸 들이기가 끝난 밥을 먹기 좋게 그릇에 담아두고 무쇠솥에 뜨거운 물을 부어 밖에 붙어있는 밥이 천천히 누룽지가 될 수 있도록 충분히 시간을 준다. 밥을 다 먹고 나서 운동을 가기 전에 소화를 시킬 겸 한 시간 정도 책을 읽는다. 이땐 주로 에세이를 읽는다.

나는 소설보다 에세이가 좋다.
에세이는 합법적으로 다른 사람의 상황을 들여다보는 것 같은 즐거움이 있다고 할까.

소설은 허구의 이야기지만 에세이는 글쓴이의 거죽부터 깊게는 내면까지 들여다볼 수 있어서 내겐 읽는 재미가 훨씬 크다. 그리고 누군가의 이야기를 읽음으로써 그 사람의 말을 듣는 것처럼 느껴지기 때문에, 글을 읽으면서 얘기를 듣는 것 같아 묘한 경험으로 다가온다.

이제 운동을 간다. 말이 운동일 뿐 동네를 걷는 게 전부지만, 나에겐 이 시간이 굉장히 중요하다.

한 시간 정도 빠르게 걷고 나서 "후아~!" 하고 저절로 내뱉게 되는 한숨, 이 한숨이 내가 힘들 때 나에게 주는 유일한 '후련함'이었다.

어쩌다 한 번 격렬하게 몸의 근육을 뒤틀어가며 하는 운동보다 밋밋하더라도 매일 꾸준히 운동하는 것이 낫다고 생각한다. 직업상 필요할 땐 숨이 턱까지 차오르는 근력운동을 하기도 하지만 평소엔 빠른 걸음으로 걸으면서 머릿속을 정리하는 편이다.

가만히 있을 땐 각종 상념들로 복잡하다가도, 막상 몸을 빠르게 움직이면 이상하게도 머릿속이 정리된다. 나로선 운동과 명상, 몸과 마음을 비우고 채우는 과정이 한 시간 안에 다 들어있는 셈이다.

운동을 마치고 집으로 돌아와 간단히 샤워를 하고 나선, 다시 남들 눈에는 아무것도 하지 않는 것처럼 보이는 한가로운 시간을 보낸다. 인터넷을 하거나, 낮잠을 자거나, 멍하게 있거나, 혹시라도 저녁에 약속이 있다면 굉장히 여유 있게 외출 준비를 한다.

촬영이 없을 때는 빈둥대는 호사를 누릴 수 있는 직업의 특성상(그렇게 여유를 즐기다 자칫 무기한 백수로 보내게 될 수 있다는 것이 이 직업의 애로 사항이다), 쉬는 동안에는 대체로 이렇게 특별한 일 없이 하루를 보낸다. 나는 이렇게 조용하게 흐르는 나의 하루가 참 좋다. 마음 내키는 대로 시간을 보낼 수 있는 권리를 나는 지금 마음껏 누리고 있는 것이다.

찰나가 모여 하루가 된다. 어떤 하루는 억겁의 시간보다 더 길고 오래도록 생생하게 살아간다.

1980년 5월 18일 광주
사람들은 아무런 대가 없이 거리로 쏟아져 나왔다.
1981년 5월 19일 서울
내게는 아무런 대가 없이 당연한 하루가 시작됐다.

나에게 주어진 당연한 평온한 하루, 오늘도 푸르른 날이다. 보기에 참 좋다.

아빠의 아들,
아들의 아버지

    그는 전라북도 완주군에서 태어났다. 형제는 3남 2녀로, 남자 형제 중에서 둘째, 전체에서는 세 번째 위치인데, 들은 얘기에 따르면 피난길에 여자 형제 한 명을 잃어버렸다고 한다. 그는 아버지를 일찍 여의고 홀로 남겨진 어머니 밑에서 쉽지 않은 유년시절을 보냈다. 그래서 학력도 중학교 중퇴다. 하지만 어릴 때부터 총명하고 부지런해서 어머니는 형제 중에서도 그를 유달리 예뻐했다고 한다.

    오뚝하게 솟은 콧날과 쌍꺼풀 없이 길게 뻗은 눈, 마치 그린 듯 진한 눈썹, 굳게 닫힌 다부진 입술, 새까만 머리칼, 키는 그렇게 크지 않았지만 타고난 신체적 비율이 좋았다.
    그는 그야말로 미남이었다.

멋내기도 좋아해서 모든 옷을 '테일러 메이드'로 입었다. 이태리 피티워모에서도 보기 드문 화이트 더블브레스트 수트를 걸치고 종종 제주도에 내려가 바다를 보며 '여기서 살면 좋겠군.'이라는, 다분히 '킨포크'적인 생각을 이미 1960년대 즈음에 했다고 한다.

지금이야 하늘길이 활짝 열려 이웃집 가듯 갈 수 있지만 그 당시만 해도 그의 고향에서 제주도까지 가려면 산 넘고 바다를 건너야 하는 여정이었다. 돌 많고 바람 잦은 낯선 곳에서 외지인으로는 쉽지 않은 섬살이를 고려했던 걸로 보아, 일찍이 남다른 마인드의 소유자였던 것은 확실하다. 게다가 먹고살 걱정은 하지 않아도 됐다.

장사 수완이 좋았던 그는 일찍이 종이를 만들어서 내다 팔았는데 성과가 엄청났다. 성실하고 수완이 좋은 데다 외모도 번듯한 젊은 청년을 주변에선 가만히 놔두지 않았다.

서글서글한 성격 덕분에 사업장에선 어른들은 어른들대로, 또래는 또래대로 그에게 호감을 보였다고 한다. 가장 결정적인 호감은 바로 결혼중매였다.

남자는 이미 이십대 초반부터 여기저기 선 자리를 봐 주겠다는 말을 들었다. 본인은 절대 내키지 않았지만 예의 바른 그는 어른들의 수고스러움이 죄송해 최대한 많은 선 자세에 나가 여러 여성들과 담소를 나누고 식사를 하는 이른바 데이트를 함으로써 궁극의 예란 이런 것이란 걸 몸소 보여주었다. 하지만 눈을 잡아끄는 여인은 있어도 마음까지 잡아끄는 여인을 만나지 못해 그의 표현대로 쓰자면 모두 '유희'에 그쳤다고 한다. 응?

그러던 어느 날 저 멀리 대구에서 모름지기 성인이 된 여자라면 스무 살부터 독립을 해야지 하는 호연지기가 있는 흥 많은 한 여자를 만나게 된다. 본인보다 열 살이나 어린 이 여자에게 눈과 마음을 모두 빼앗긴 그는 예의를 갖춰온 많은 여성들에겐 느껴보지 못한 강렬한 감정에 사로잡혔고, 생애 처음으로 그녀와 결혼을 결심했다.

나이 차이 장벽은 하나 된 마음 앞에선 손끝으로 툭 치기만 해도 무너져 내리고 마는 하찮은 이유가 된다는 것을, 두 사람의 만남을 반대하는 장인어른에게 제일 먼저 보여주었다고 한다. 여자의 아버지는 **"무너져 내린 건 마음이 아니라 너였구나."** 라며 통탄해하셨지만, 이미 하나가 된 그들을 말리기엔 너무 늦었다. 그리고 드디어 이들은 전라도와 경상도라는 지역주의를 극복하는 대통합을 보여주며 부부가 되었다.

결혼 후 여자의 독립심은 이들 부부를 서울로 이끌었고, 두 사람은 당시 누구나 그렇듯 맞벌이라는 시대적 팀플레이를 통해 빠듯한 도심 생활을 버텨냈다. 그 사이 그에게도 아이가 생겼다. 첫째는 딸이었다. 아이의 이름은 그의 장인이 지어주셨다.

그리고 3년 후에 둘째를 낳았는데, 역시 딸이었다. 이때부터 당사자인 그보다 주위에서 성급해지기 시작했다. 집안엔 반드시 아들이 있어야 한다고 여겨지던 시대에 딸만 둘이라는 걸, 그를 끔찍이 아낀 그의 어머니는 용납하지 못하셨다. 하지만 그는 무사태평하게 시대를 앞서는 딸바보의 모습을 보여주며 어머니의 속을 뒤집어놓았다고 한다. 그가 두 딸의 재롱에 입을 다물지 못할 때마다 그의 어머니는 가슴을 콩콩 치며 답답해했다고 전해진다.

이런 어머니의 바람이 삼신할매에게 닿은 것일까. 그 후 5년의 시간이 흘러 고향집에 내려간 그는 꿈에서 삼신할매를 만나 꾸지람을 듣게 된다. 부인을 혼자 두고 여기서 뭐 하냐고 말이다. 꿈에서, 그것도 초면에 엄청 혼쭐이 난 뒤 잠에서 깨어난 그는 놀란 마음을 채 진정시키지도 못한 채 그 길로 부랴부랴 서울에 올라온다. 그리고 오랜만에 분열된 지역 이기주의를 극복한다.

그리고 그의 나이 마흔한 살에 '처음으로' 아들의 아버지가 된다.

그리고 나는 아버지의 '하나뿐인' 아들이 되었다.

그가 그를,
그도 그를

　그와 그가 함께 시간을 보낸 지도 벌써 7년이 되었다. 아니, 정확하게 얘기하자면 거기에 6개월을 더해야 한다. 7년 6개월 전, 그들은 둘 다 삼십대 중반을 훌쩍 넘기고 있어서 감정적으로 누군가와 가까워지기 위해서 시간이 필요했다. 뭔가를 알고 나면 겁이 많아지게 마련이니까. 게다가 당시 두 사람은 인연이라는 작용에 대해 많이 무뎌져서 누구를 만나든 은근한 기대조차 하지 않았다. 돌이켜보면 그때 그와 그는 감정이 메말라 있었다.
　어느 날 그는 우연히 어떤 모임에 참석하게 됐다. 그를 처음 만난 장소가 아니라면 굳이 기억할 필요도 없는 시시껄렁한 모임이었다. 그곳에서 두 사람은 처음 만났다. 그는 팥죽을 좋아할 것 같은 그의 얼굴이 인상적이라고 생각했다. 맞은편의 그도 주변의 분위기와 상관없는 듯한 무덤덤한 그가 눈에 들어왔다.

그렇다고 그들이 첫눈에 반했던 건 아니다. 앞서 이야기한 대로, 그와 그는 누군가와 관계를 맺는다는 것에 대한 끈을 놓고 있었기 때문에 서로 어떤 신호를 보냈다고 해도 쉽게 알아차릴 수 없었을 것이다. 그들의 첫 만남은 물 흐르듯 흘러갔고 시간 또한 일정한 속도로 흘러갔다. 그는 그 자연스러운 흐름에 자신을 맡겼다. 다른 그도 역시 그랬다. 그렇게 시간이 흘러 물이 어느 한곳에서 고이듯이 그들도 한 지점에서 다시 만나게 되었다.

모든 게 자연스러웠다. 시간의 흐름도, 그와 그가 다시 만난 장소도, 그 장소와 시간 속의 그들도. 그게 그와 그의 처음이었다.

그들은 서로 닮은 점이 거의 없었다. 그래서 아주 사소한 문제, 이를테면 식사 메뉴를 정하는 것도 힘들었다. 좋아하는 음식이 다르다 보니 메뉴를 정하는 데 매번 격렬한 토론을 벌여야 했는데, 어떤 땐 거의 끼니마다 부딪쳤다. 영화를 보러 가는 길도 험난했다. 어떤 영화를 볼 것인지 어렵게 타협점을 찾으면, 팝콘의 맛을 결정하기 위해 다투었고, 음료를 고를 때 다시 또 싸움이 시작됐다.

하루는 옆에서 보다 못한 한 친구가 영화는 그렇다 치더라도 팝콘과 음료는 각자 먹고 싶은 맛으로 하나씩 사면 되는 거 아니냐고 그들을 설득했다. 그와 그가 단호하게 말했다. 아무리 시간이 오래 걸린다고 해도 서로 다른 우리가 공통된 하나의 결론에 도달하는 게 중요하다고.

어쩌면 두 사람은 서로를 강하게 원했기에 완벽한 합일을 서로에게 요구하고 있었던 건지도 모른다. 서로에 대한 고집스러운 요구는 지치지도 않고 계속됐고, 충돌은 잦아들지 않았다. 상대와의 타협이 아니라 상대를 원하는 자신과의 타협에 서툴렀던 것임을 그들은 그때 알지 못했던 것이다.

그들을 지켜보던 친구는 그렇게 계속되는 다툼으로 둘의 사이가 잘못되면 어떡하나 걱정이라고 했다. 그와 그가 함께 있을 때 만들어지는 그들만의 독특한 분위기를 좋아했던 친구였다. 둘 사이가 틀어질까 노심초사하는 친구의 염려 따위 두 사람에겐 아랑곳없었다. 오히려 그들은 전보다 더 단호한 어조로 말했다.

"그럼 우리 관계가 그 정도로 시시하다는 걸 인정하고 그만하지, 뭐."

함께한 시간이 쌓인 만큼, 이제 그와 그도 서로에게 책임감을 부여하고 미래를 나누려고 한다. 그는 지금까지 누군가와 남은 생을 그려 나갈 것이라고 생각한 적이 없다. 아니, 생각할 수조차 없었다. 아마 맞은편의 그도 그러했을 것이다. 그들은 함께 지내면서 많은 점이 달라져 있다는 걸 느낀다. 사소한 것부터 굉장히 큰 부분까지 하지만 그 변화가 자신을 가장 자신답게 만들어주는 일이라는 걸 알고 있다. 더불어 타인의 변화를 통해 자신의 위대함을 확인한 그들은 여전히 스스로에게 더 많은 기대를 하고 있다.

그는 그를 보면서 인연의 순한 이치를 느낀다. 생각해보면 그와의 모든 것은 어느 것 하나 억지로 된 것이 없었다. 처음 만났던 7년 6개월 전의 그날부터 함께 지내오는 동안 스쳐지나간 시간들 모두 자연스러웠고 거짓이 없었다. 그랬기에 충돌이 잦았던 시기에도 이별의 두려움보다 우리가 서로를 채워갈 부분이 많다는 것에 큰 안도를 했다. 그들은 그렇게 서로를 이끌었고 서로에게 이끌렸던 것이다.

그는 생각한다. **인연은 거짓이 하나도 없이 자연스러울 때 완성되는 것이라고.** 언젠가 그들이 만남에 지쳐 있을 때 그가 그에게 해준 말이 있다.

"아마 서로 닮은 게 하나도 없어서 우리를 만나게 하셨나봐. 왜냐면 우리는 이미 같은 성별로 태어났으니깐. 그래서 다른 건 닮거나 같을 이유가 없는 거지."

모든 동화의 마지막이 그렇듯 그들은 오래오래 행복하게 살겠죠?

에필로그

수고하셨습니다.
무례하지만 작가입니다

    2009년 즈음부터 안 좋은 일들이 많았습니다. 지금 생각해보면 아닐 수도 있지만 절망이라는 단어가 딱 어울릴 만큼, 정말 그만큼의 일들이 끊임없이 몇 년간 제 곁에서 떠나질 않고 있었습니다. 지독히 시달려서인지 언제부턴가 제가 짊어진 것들로부터 멀찍이 떨어지고 싶었습니다.

    소위 '한창때'의 저 따위는 흔적 없이 잊고 싶었던 거죠.

    그러다 문득 글이 쓰고 싶어졌습니다. 어떤 형식이랄 것도 없고 그저 글을 쓰고 싶었습니다. 더 그럴듯한 이유가 있으면 좋았겠지만 이게 다입니다. 그런데 뜬금없이 왜 글이냐고요? 글쎄요…, 멋있어 보였나…? 솔직히 잘 모르겠습니다. 왜 글이었는지. 단 하나 명확한 건 정말 쓰고 싶다는 분명한 마음이 존재한다는 사실뿐이었습니다. 그렇다면 평상시 독서량이 많았냐고요? 음… 일 때문에 들어오는 시나리오나 대본을 소설처럼 읽은 정도였지 일상생활에서 글과 책은 저와 거리가 꽤 있었습니다. 어디서 그런 뻔뻔함이 나왔는지 지금 돌이켜보니 참 얼굴이 화끈거리는군요.

　무작정 시작하긴 했지만 그래도 글을 쓰는 동안 몹시 고됐던 제 생활에서 벗어날 수 있었던 것 같습니다. 일종의 환기 같은 거죠. 햇살 좋은 날 먼지가 쌓여 있는 집을 청소하기 위해 집 안의 모든 창문을 활짝 열어놓은 듯한 그런.
　그 당시에는 미처 깨닫지 못했지만 글은 더는 물러설 데가 없을 정도로 궁지에 몰려 있던 제가 조금씩 구석에서 기어 나올 수 있게 만들어준 계기가 되어줬던 것 같습니다. 아마도 그래서 더 부지런히 이런저런 글들을 휴대폰이며 아이패드에 끼적거렸겠지요. 발버둥 치듯이 말이죠. 의식적으로 애를 쓴 것은 아니었습니다. 본능적으로 마음의 실타래를 풀 듯 글을 쏟아냈습니다. 신기하게도 사람이 궁지에 몰리면 나오는 기지 같은 게 저는 대책 없이 글이었던 셈이죠. 그 후로 책도 부지런히 읽었습니다.

워낙 독서를 하지 않은 탓에 취향이랄 것도 존재하지 않았기에 무얼 읽든 재밌고 새로웠습니다. 그리고 독서량이 쌓일수록 지향없이 흔들리던 제 글이 조금은 선명하게 다듬어지고 있다는 걸 분명히 발견하기도 했고요.

어떤 글을 어떻게 써야 할지 모를 때 좋은 길잡이가 되어준 것도 책이었습니다. 마치 아무것도 모른 채 배우가 된 제게 좋은 교과서가 되어준 영화처럼요. 이렇게 얘기를 하고 있지만 역시나 뜬금없고 신기하죠?

참! 그러는 사이에 저는 결혼도 하고 아이도 태어났습니다. 이 변화가 무엇보다 제겐 큰 영향을 주었습니다. 세상을 바라보는 시선이 조금 달라졌다고 할까요.

자연스럽게 제 글도 다시 한 번 조심스럽게 변하고 있다는 걸 느낍니다. 특히 아내가 재밌게 읽었다고 확인해주어야 무척 안심이 됩니다. 교정되지 않은 제 글을 읽는 유일한 독자인 아내의 의견과 생각은 지금의 저에게 가장 큰 영감과 영향을 줍니다. 물론 가끔은 너무 냉정한 평가를 듣기도 해 섭섭하기도 하지만, 아직까지는 거뜬히 견딜 만 합니다. 어쨌든 그녀는 제가 사랑하는 사람이니까요.

여러분들은 어떠셨나요? 이 글이 재미있을지, 어떨

지…. 음… 전 어느 쪽이든 상관없습니다. 실은 이렇게 글을 읽어주는 호감만으로도 만족합니다. 정말이냐고요? 물론 재밌게 보시는 분들이 많다면 좋겠지만 아니어도 어쩔 수 없다는 걸 잘 압니다. 그건 제가 어찌해 볼 도리가 없는 문제니까요.

어느 쪽이라 해도 저는 글을 계속 쓰고 싶습니다. 왜냐고요? 그냥 지금도 마찬가지입니다. 어떤 거창한 이유가 있어서가 아니라 막연하게 글을 써야 한다고 제가 진심으로 원하고 있으니까요. 설사 다음번에는 독자와 만날 수 없다 하여도 괜찮습니다.

저는 그저 글을 쓰고 싶을 뿐이니까요.

개별적 자아

ⓒ 봉태규, 2017

초판 1쇄 발행 2017년 5월 1일
　　3쇄 발행 2019년 4월 19일
지은이 | 봉태규
펴낸이 | 김영훈
편집 | 조혜정
디자인 | 최선영
펴낸곳 | 안나푸르나
출판신고 | 2012년 5월 12일
주소 | 서울시 마포구 동교동 200-15 한솔빌딩 101호
전화 | 02-3144-4872 팩스 | 0504-849-5150
전자우편 | idealism@naver.com
ISBN 979-11-86559-19-2 (03810)

• 저자와의 협의로 인지는 붙이지 않습니다.
• 이 책은 저작권법에 따라 보호받는 저작물이므로 무단 전재와 복제를 금하며,
　이 책의 내용 전부 또는 일부를 이용하려면 반드시 저작권자와 안나푸르나의 서면 동의를 받아야 합니다.
• 유통 중에 파손된 책은 구입하신 서점에서 바꾸어 드리며, 책값은 뒤표지에 있습니다.

「이 도서의 국립중앙도서관 출판예정도서목록(CIP)은 서지정보유통지원시스템
홈페이지(http://seoji.nl.go.kr)와 국가자료공동목록시스템(http://www.nl.go.kr/kolisnet)에서
이용하실 수 있습니다.(CIP제어번호: CIP2017009927)」